W0244419

Délivrer du mal

Père Christophe Beaublat
en collaboration avec Yves Czerczuk

Délivrer du mal

Le quotidien d'un prêtre exorciste au cœur de la société

Robert Laffont

Nihil obstat,
Fr. Albert-Henri Kühlem, o.p.,
25 mars 2025

Imprimi potest,
P. Charles Mallard, v.g.,
3 avril 2025

© Éditions Robert Laffont, S.A.S., Paris, 2025
ISBN : 978-2-221-27515-3
Dépôt légal : mai 2025
Éditions Robert Laffont – 92, avenue de France, 75013 Paris
info@lisez.com

Introduction

De tous les ministères de l'Église, c'est-à-dire des services confiés par l'évêque à un membre de l'Église, celui de l'exorcisme est de loin le plus mystérieux. Il est associé à beaucoup d'histoires plus bizarres les unes que les autres, qui lui confèrent une forme d'étrangeté naturelle. Nous sommes associés à tout un tas de choses pas possibles, telles que la lévitation, des geysers de vomissements, des têtes qui tournent à 360 degrés… À écouter ce que la plupart des personnes ont à dire de notre profession, il s'agirait plus de magie que de spiritualité. Ce n'est pourtant pas mon quotidien. Je ne suis pas David Copperfield, le célèbre illusionniste américain. J'ai déjà vu des choses assez extraordinaires dans mon bureau, mais jamais des scènes dignes de films d'horreur, telles celles dépeintes dans le roman – et plus encore dans le film – *L'Exorciste*[1] et qui ont pu marquer les esprits.

C'est peut-être étrange à dire, mais, être prêtre exorciste, ça pourrait ressembler à un métier très ordinaire, avec ses habitudes, ses protocoles, ses réunions entre collègues, ses règles à respecter. Ma vie de tous les jours est faite de prières, d'écoute, de prises de rendez-vous, de rapports avec ma hiérarchie. Dans mon bureau, j'accueille, j'écoute, j'enquête, je confronte, je conseille. Je suis là pour aider ceux qui en ont besoin à découvrir l'origine du mal qui les frappe, et à s'en défaire. Tout cela me rapproche davantage du travail d'un thérapeute, d'un policier, d'un médecin ou d'un travailleur social que de celui d'un chasseur de vampires, ou de je ne sais quelle fable fantastique encore. Je ne passe pas ma vie à courir derrière des gens avec un pieu et des gousses d'ail, en vociférant quelques paroles miraculeuses que moi seul comprends.

Ces images un peu fantasques, avec leur côté effrayant, constituent un problème pour nous. Elles détournent de ce qui est notre cœur de

1. Publié en 1971 aux États-Unis, le roman de William Peter Blatty a été adapté au cinéma par le réalisateur William Friedkin en 1973.

métier : le combat spirituel, la lutte contre le mal, tel qu'il existe en ce monde. Elles nous mettent un peu en marge, au côté des rebouteux et de toutes ces personnes aux pratiques douteuses, et permettent à tout un tas de gens de monnayer des actions farfelues. Les prêtres exorcistes, ceux de l'Église catholique, proposent leur aide gratuitement, en respectant un code de déontologie, en ayant toujours conscience qu'un appui extérieur est parfois préférable. C'est là toute la différence. S'il me semble, par exemple, qu'une personne qui vient me consulter a besoin d'un médecin ou d'un psychiatre, je ne perds rien à la leur adresser.

Il est temps pour notre ministère qu'il sorte de ce brouillard fantasmagorique dans lequel il baigne. C'est pourquoi j'ai envie d'en parler simplement, comme un médecin ou un policier présenterait sa vie quotidienne, parlant de ses méthodes, de ses croyances, de ses combats. Il ne faut pas que notre ministère fasse peur, sans quoi de trop nombreuses personnes auprès desquelles il peut être utile vont s'en détourner.

J'ai pu constater à quel point beaucoup sont perdus. Certains viennent me voir car ils ont l'impression d'être frappés de malchance, d'autres pour une sensation de gêne persistante, pour des angoisses, pour des situations inexpliquées, comme des bruits dans leur domicile, ou l'impression qu'ils ont d'être suivis. Parfois, cela peut aller jusqu'à l'impression de ne plus se maîtriser, voire jusqu'à des traces physiques qui apparaissent sur le corps sans explication rationnelle. Ces personnes ont besoin d'aide pour y voir clair. Sans les mises en garde des exorcistes, elles peuvent se retrouver en proie à des choses occultes. Les sectes existent toujours. Le phénomène d'emprise, par le biais de gourous plus ou moins bien intentionnés, est même plus fort que jamais, je suis aux premières loges pour le constater. Au quotidien, je vois de nombreuses personnes qui se font manipuler, qui se font soutirer de l'argent. Il y en a tellement qui tombent en de mauvaises mains en espérant se sortir de situations difficiles…

Le ministère de l'exorcisme fait partie des rares remparts dressés face à ces pratiques. Il s'intéresse à ce qui peut entraver la quête du bonheur. Il aide celles et ceux qui cherchent des réponses. Les gens qui viennent me voir sont en souffrance. Au-delà d'un mal-être psychique, ce sont des gens qui manquent de liberté, qui se retrouvent à la dérive. Ils ont besoin d'être protégés, d'être délivrés, de trouver un sens à leur vie.

Loin des clichés, notre ministère est un ministère de miséricorde, un lieu d'amour, de réflexion, de soutien. C'est la raison pour laquelle j'aime tant ce que je fais. Mon ministère est là pour aider les âmes à trouver le soulagement, il est là pour les aider à ne pas tomber dans des situations terribles. Le désespoir ouvre la porte à de nombreuses souffrances et à de nombreux individus malintentionnés. Il est temps que nous autres, exorcistes, ouvrions la nôtre, de porte, pour faire comprendre notre action. Nous ne sommes pas une bande d'hurluberlus gesticulant en lisière de la société. Nous en faisons pleinement partie. Notre profession est un complément à celle qu'exercent policiers, médecins, conseillers d'orientation. Elle est nécessaire : ce que nous faisons, comme serviteurs du Christ, personne ne peut le faire à notre place. Je crois vraiment qu'en travaillant de concert avec les différents professionnels spécialisés dans leur discipline, nous pourrions apporter un peu de paix dans ce monde si tourmenté, à condition de comprendre quelle est la part de chacun dans cette juste quête du bonheur universel.

1

Comment devient-on exorciste ?

Le ministère de l'exorcisme est le seul, parmi les ministères de l'Église catholique, pour lequel il serait malvenu de postuler. On ne devient pas exorciste comme on devient curé, aumônier d'hôpital ou de prison, ou même professeur. Il n'existe pas d'études ou de cursus dédié. Être exorciste est une mission pour laquelle un prêtre est choisi, parce que l'évêque estime qu'il possède les capacités requises pour lutter contre le mal. Il faut avoir un intérêt pour l'âme humaine, pour la psychologie, une connaissance des âmes, une ouverture sur les spiritualités. C'est une profession qui exige des qualités d'écoute et de discernement afin de déjouer les ruses par lesquelles le Malin peut chercher à nous tromper. Un bon exorciste est avant tout un prêtre pieux et prudent. Il doit savoir recueillir la parole de tous ceux qui viennent à sa rencontre, sans idée préconçue ni jugement. Il doit posséder une expérience des âmes, ainsi qu'une finesse psychologique pour ne pas être crédule ou dupe, et être capable de remettre en question les premières impressions qui ne sont pas toujours les bonnes. Tout ça, ce sont les prérequis informels.

Le mode de recrutement n'a que peu changé en deux mille ans d'histoire. Aucune université d'exorcisme n'a été construite, et je ne pense pas que cela puisse arriver de sitôt. Le processus de nomination se fait à l'intérieur même de l'Église. C'est une promotion interne, comme on pourrait le dire dans le milieu des ressources humaines. Les prêtres exorcistes, on l'a vu, sont nommés directement par les évêques. Il existe une forme de logique là-dedans : les évêques représentent la continuité apostolique, c'est-à-dire qu'ils perpétuent la mission et le travail des apôtres. Ils personnifient le lien spirituel direct avec les préceptes fondateurs de l'Église. C'est pour cela qu'ils sont chargés, en premier, de la lutte contre les forces du mal. Ce sont eux, les vrais exorcistes. Dans les faits, leur emploi du temps d'évêque est si rempli qu'il leur est impossible d'investir la fonction. Voilà pourquoi les exorcistes sont nommés par les évêques pour remplir, en leur nom, la tâche de combattre le mal sous toutes ses formes. C'est ce qui m'est arrivé, il y a de cela des années.

Il existe, dans notre profession, plusieurs visions du métier d'exorciste qui s'affrontent autant qu'elles se complètent. Les prêtres exorcistes sont à l'image de leur diocèse. Les évêques nomment des prêtres dont les qualités correspondent à leur vision de l'exorcisme. Leur tâche est de trouver les profils les plus pertinents selon ce qu'ils recherchent. Un évêque intéressé par ce ministère nommera le plus souvent un prêtre investi, tandis qu'un autre ne prenant pas au sérieux ces questions aura plutôt tendance à choisir un prêtre âgé, peu disponible et « psychologisant ». Il arrive même que certains laissent la chaise vide. Fort heureusement, ces situations dommageables sont en nette diminution en France.

J'ai eu la chance d'être nommé prêtre exorciste dans un diocèse qui prenait cette tâche très au sérieux. L'évêque qui m'a choisi, Mgr Rey, a apprécié ma personnalité. Je dispose d'une formation traditionaliste, que j'ai su enrichir et compléter au fil des ans – pour des raisons sur lesquelles je reviendrai. Aujourd'hui, ma vision du monde est beaucoup plus ajustée. Le temps où les prêtres diabolisaient le rock et les cultures jeunes est révolu ; c'est en tout cas ce que j'espère. Il existe encore certains milieux qui peinent à comprendre le monde qui les entoure. Pour ma part, je trouve choquant de rejeter par principe tout ce qui est nouveau. Les catholiques ne devraient pas être effrayés par des mots comme « écologie » ou « féminisme ». L'Église et les exorcistes doivent comprendre le monde dans lequel ils vivent.

On pourrait croire qu'il faut être issu d'un milieu très religieux pour devenir prêtre et exorciste. Ce n'est pas mon cas. J'ai grandi au sein d'une famille non pratiquante, qui n'a pas pensé utile de me baptiser. Mes parents fréquentaient des personnes de toutes origines. Lorsque nous avons emménagé à Besançon, en Franche-Comté, où j'ai passé la plus grande partie de ma jeunesse, mon père était représentant de commerce, ma mère, vendeuse dans le prêt-à-porter ; elle travaillait au contact de personnes provenant de tous horizons, notamment de Juifs pieds-noirs. C'est grâce à eux que j'ai découvert le dialogue entre les cultures. Cela m'a apporté beaucoup d'ouverture d'esprit, de curiosité et d'intérêt pour les gens différents et la diversité.

J'ai développé alors une grande sympathie pour le judaïsme et pour Israël, qui disparaîtra pendant une vingtaine d'années, hélas, lorsque je rencontrerai l'intégrisme religieux. Écrire cela en 2025, pour le soixantième anniversaire de *Nostra Ætate*, texte qui fonde l'amitié judéo-chrétienne au concile Vatican II, suscite en moi une vive émotion. En effet, je suis maintenant délégué diocésain pour les relations avec le judaïsme et président de l'Amitié judéo-chrétienne de Toulon.

Je me suis tourné vers la religion à l'âge adulte. Cela a été une réponse à des blessures, ainsi qu'à des questionnements que j'avais. Lorsque mes parents ont divorcé, je me suis beaucoup interrogé sur la souffrance que l'on rencontre dans ce monde. J'ai souhaité savoir comment on pouvait éviter tout cela, comment faire en sorte que la société soit plus belle. Je me suis intéressé à la philosophie, à la spiritualité, à la politique, à l'histoire. Je me suis inscrit en faculté de sciences économiques, pour faire plaisir à mes parents, mais les cours m'ennuyaient. J'ai commencé à militer, à rencontrer toutes sortes de gens. J'allais discuter avec ceux que tout le monde évitait – des membres de la secte Moon, des militants politiques de toutes obédiences, des étudiants chiites libanais pro-iraniens. Échanger avec des personnes aux idées opposées aux miennes était ma manière de tester mes propres convictions. Je commençais à marcher, sans le savoir, sur le chemin qui me conduirait à Dieu.

En parallèle de l'université, j'ai effectué un stage à l'armée d'un mois dans le but d'obtenir un sursis pour mon service militaire. Je vivais dans des milieux très favorables à la chose militaire. Cette préparation m'a permis de faire un service militaire beaucoup plus intéressant. Ç'a été une chance, j'ai ainsi évité le parcours classique, qui était très ennuyeux. À Besançon, j'ai vu beaucoup de jeunes gens commencer à faire n'importe quoi pendant leur service, comme boire, voler, se droguer, tout cela était nouveau pour moi. Puis j'ai passé quatre mois à l'École d'application du génie, à Angers, pour devenir officier. À l'issue de ces quatre mois, je suis devenu aspirant chef de section. Je me suis battu pour avoir ce poste, car il me permettait de retourner vivre à Besançon. C'est là que j'ai commencé à multiplier les lectures religieuses et à aller à la messe, et je me suis tourné vers les communautés traditionalistes où priaient des amis. C'est comme cela que j'ai préparé mon baptême, au début de ma vingtaine. C'était l'époque de la sortie du film *La Dernière Tentation du Christ* de Scorsese. Peu après la première projection, un militant qui jugeait l'œuvre blasphématoire a mis le feu au cinéma de Besançon. Au régiment, deux jeunes sous-officiers de carrière sont venus me voir en pensant que c'était moi le pyromane. Fort heureusement, j'avais été mobilisé toute la nuit, ce qui prouvait mon innocence. Cet événement ne m'a pas inquiété sur les milieux que je fréquentais. Cela aurait pu.

J'ai ensuite rejoint mon père, pour vivre chez lui à Paris, après sa mutation professionnelle. Les milieux traditionalistes bisontins m'ont conseillé de me faire baptiser à Saint-Nicolas-du-Chardonnet. Cette église était, en quelque sorte, le phare des traditionalistes. À cette époque, avant les ordinations d'évêques effectuées contre l'avis de Rome par Mgr Lefebvre en 1988, tous les traditionalistes étaient réunis sous une même bannière.

En même temps, le moment était venu de gagner ma vie. J'ai commencé à travailler dans les assurances, peu après ma confirmation, en tant que commercial itinérant. Je vendais des placements, des assurances vie. Ce n'était pas une vocation, mais je trouvais ça sympa. Cela a participé à ma formation, aussi. En tant que commercial, il faut avoir un bon contact ; et en tant que prêtre exorciste, il m'en faudrait encore plus. Dans ma tête, toutefois, trottait déjà l'idée du sacerdoce. Converti seulement depuis peu, j'avais encore besoin de temps pour réfléchir, avant de rentrer dans les ordres. De toute façon, même si j'avais souhaité le faire tout de suite, on m'aurait dit non, par prudence. L'Église conseille souvent aux personnes trop pressées de prendre leur temps. Pour me rendre utile, j'avais pris des engagements auprès du Mouvement de la jeunesse catholique de France, ce qui me permettait d'avoir des activités militantes, de faire de l'apostolat, d'organiser des camps de vacances et des pèlerinages. J'ai suivi six années de séminaire : trois ans à Flavigny-sur-Ozerain, en Bourgogne, puis trois ans en Suisse, à Écône. J'ai été très heureux durant cette formation, même si j'ai ultérieurement pris de la distance avec ce que j'ai perçu comme des manques de nuances graves, et même des erreurs doctrinales. Elle a eu le mérite de me faire découvrir les *Exercices spirituels* de saint Ignace, qui sont un véritable trésor de discernement, de liberté et d'invitation à la vie intérieure.

J'ai été ordonné prêtre le 29 juin 1999. Les ordinations des prêtres ont souvent lieu fin juin, vers la fête de saint Pierre et de saint Paul. J'ai été nommé à Paris, au sein d'une communauté locale de la Fraternité Saint-Pie-X. C'est dans ce diocèse particulier, très urbain, que j'ai découvert le terrain. J'étais collaborateur, c'est-à-dire assistant d'un prieur. Mon supérieur ayant de forts problèmes de santé, j'assurais la majeure partie de ses permanences. Ce fut une expérience extraordinaire, cela m'a permis de découvrir les âmes dans toute leur singularité. Je ne pensais pas rencontrer autant de personnes blessées et fragiles. Ça ne m'a pas repoussé, au contraire, j'ai souhaité les comprendre.

Mon intérêt pour la psychologie a commencé là, dans un lieu de culte de l'avenue des Ternes. Le premier livre que j'ai acheté en tant que prêtre fut la quatrième édition du *Manuel dia-*

gnostique et statistique des troubles mentaux, publié par l'Association américaine de psychiatrie. Je souhaitais tout comprendre de l'être humain… et il y a beaucoup à savoir. Au fil du temps, j'ai décidé de rencontrer des enseignants, des thérapeutes, de suivre des formations en méditation de pleine conscience, en hypnose, en communication non violente, en gestion du stress (techniques d'optimisation du potentiel, T.O.P.). Aujourd'hui encore, je continue de m'intéresser à la psychologie humaine, afin de pouvoir mieux aider les âmes en peine que mon ministère met sur mon chemin. En tant qu'exorciste, ce sont des connaissances qui me sont très utiles.

Ces années parisiennes furent aussi, ce que je déplore aujourd'hui, celle d'une radicalisation de ma pensée. Je me suis retrouvé, sans m'en rendre compte, dans l'aile la plus intransigeante et la plus dure de la tradition. Je n'y voyais plus clair sur de trop nombreux sujets. La mouvance traditionaliste fonctionne avec un esprit de citadelle assiégée. C'est une poignée de gens retranchés dans un même camp, le « petit nombre des élus ». C'est facile d'avoir l'impression d'y être très soudés : on est persuadés d'être les seuls à avoir raison. On a l'impression d'être en guerre contre le reste du monde.

J'ai remarqué, depuis, à quel point de nombreuses personnes sont attirées par la tradition lorsqu'elles se convertissent. En particulier les jeunes qui, comme moi à cette époque, recherchent une radicalité. Le côté intransigeant, exalté, un peu je-sais-tout, tout cela peut être très attrayant pour qui commence dans le catholicisme. D'autant plus qu'il nous est demandé de ne pas garder ce trésor pour nous. Au contraire, il faut être rayonnant, aller vers les autres pour leur faire connaître notre foi. Et puis, il faut bien le reconnaître, la liturgie, c'est-à-dire l'ensemble des rites, des cérémonies et des prières officielles, y est très belle. Ce sont des communautés très séduisantes sur cet aspect-là. Il est possible, graduellement, de glisser d'une sensibilité traditionaliste légitime vers un tour d'esprit intégriste.

Une autre force de ce système est d'être autoréférencé et autosuffisant. Ces communautés ont des écoles entièrement libres, hors contrat, qu'elles financent intégralement. Leur priorité, c'est d'avoir de bonnes écoles. Cette grande autonomie a toutefois un coût. Depuis la crise de Covid-19, certaines de ces communautés se sont encore plus éloignées du reste du monde, plongeant parfois dans le complotisme le plus radical. À qui souhaite sortir de la société du loisir, elles offrent une très attirante mais très ombrageuse alternative.

Après trois années passées à Paris, j'ai été nommé supérieur dans une communauté locale, à Meylan, près de Grenoble. Nous étions quatre prêtres, avec un frère également, à nous occuper de différentes paroisses. Nous célébrions la messe à l'ancienne, en latin. Nous pratiquions le chant grégorien, le catéchisme traditionnel. J'étais également directeur d'une petite école hors contrat, qui couvrait les classes maternelles et élémentaires. Je suis resté de longues années dans cette communauté très fermée et très unie. C'est une forme de lassitude qui m'a éloigné d'elle. Au bout de dix ans dans les Alpes, j'ai eu la sensation d'avoir fait le tour de la question.

Toutes ces années passées dans un petit pré carré m'avaient donné des envies de voyage. J'ai formulé auprès de mes supérieurs le souhait de vivre une expérience lointaine, si possible dans un pays pauvre. Je voulais découvrir d'autres mondes. Un an plus tard, ils m'ont proposé un poste en Inde. Je suis parti deux ans à Palayamkottai, dans le sud du Tamil Nadu. J'étais en immersion totale, très loin des milieux des expatriés. Cela m'a permis de m'éloigner des polémiques qui agitaient la France à l'époque, par exemple le sujet du mariage pour tous. La forte polarisation de la société française, à ce moment-là, m'aurait empêché d'y voir clair. J'avais besoin de ressentir la pertinence de mon cheminement. J'ai vécu en Inde deux années très fortes, sans connaître le péril que courent certains Européens là-bas, qui se perdent dans l'immensité de ce pays.

Cette ouverture d'esprit m'a ramené vers qui j'étais avant de rentrer dans la Fraternité traditionaliste. J'ai visité des temples hindous et des temples jaïns. J'ai discuté avec des gens d'autres traditions, ce que ne se permettaient pas de faire mes confrères traditionalistes indiens. Je me suis rendu compte que je n'étais plus d'accord, que je n'adhérais plus à la folle intransigeance de ce milieu.

Après coup, j'ai pu analyser mon cheminement en lisant des livres qui m'ont aidé à être plus nuancé et plus confiant dans l'Église[1]. Je me suis senti prisonnier et victime d'une rigidité extrême. Naïvement, je pensais que cette intransigeance trahissait mon amour pour la vérité. Je comprends désormais que les personnes les plus rigides ont besoin de cette rigidité pour conjurer des peurs, qu'elles serrent les boulons pour se mettre en sécurité. Ça m'a beaucoup aidé de comprendre cela, sur le plan personnel. Je m'en sers, aujourd'hui, pour aider les personnes qui viennent me voir. Je sais à quel point il peut être dur de sortir d'une mauvaise croyance. Je sais à quel point les phénomènes d'emprise sont puissants, et efficaces. Je vois très bien à quel point la peur, émotion fondamentale, primaire, archaïque, qui nous permet de rester en alerte, joue dans les préjugés que connaît tout un chacun dans son cheminement et dans ses croyances. Dans l'accompagnement que je souhaite apporter à certaines personnes, il est bien souvent question de se libérer de peurs infondées. Des peurs qui les rendent malheureuses, qui les empêchent de s'approprier ce qui radicalement est en elles, c'est-à-dire la liberté de mouvement, de penser. Mon expérience et mon chemine-

1. Voir la bibliographie en fin d'ouvrage.

maient car je ne pars jamais du principe qu'un événement étrange relève nécessairement d'une intervention divine ou démoniaque. Ce fut exigeant pour eux. Trois mois plus tard, je devenais officiellement prêtre exorciste.

2

Le métier d'exorciste

Mon bureau se situe au domaine de La Castille, entre La Crau et La Farlède, deux petites communes voisines de Toulon abritées sous l'imposant mont Coudon. La Castille est un lieu bien apprécié des Varois, qui viennent se promener le long de la Joncquière, du Gapeau et du Petit Réal, les trois cours d'eau qui sillonnent les vignes du domaine. Au centre se trouve le château, une bâtisse du XVIIIe siècle léguée au diocèse en 1922, devenue séminaire en 1930. C'est là que, tous les jours, je reçois des personnes en proie au doute et à des difficultés dont elles n'arrivent pas à identifier, en ce monde, l'origine.

Au sous-sol – en réalité, un demi sous-sol –, se trouve mon bureau. L'accès se fait par une porte en bois discrète, peinte en blanc, proche de l'escalier qui mène à l'accueil. On n'y compte qu'une petite lucarne vers l'extérieur : un exorciste en sous-sol, dans une petite pièce sans trop de lumière, cela a de quoi nourrir bien des fantasmes. Mais en vérité, l'atmosphère y est simple, calme, chaleureuse.

Les raisons pour lesquelles des croyants et des agnostiques viennent me consulter sont nombreuses. Ce sont toujours des personnes qui souffrent et qui ne savent plus vers qui se tourner. La police ne peut rien faire pour elles, pas plus que la médecine. Alors, ces personnes viennent me parler de malchance, d'accumulation d'événements douloureux, de mauvaises énergies qui les entourent, parfois même de présences négatives qu'elles ressentent autour d'elles. Certaines viennent de leur propre chef, pensant subir l'influence de mauvais esprits. D'autres sont aiguillées par leur entourage, par des proches qui me connaissent. Toutes sont impressionnées par l'exorcisme, par les images qu'elles y associent. Elles viennent sans trop y croire, simplement en se disant : « Après tout, pourquoi pas ? » Leur seul point commun, c'est qu'elles paraissent ne pas trop savoir dans quoi elles mettent les pieds.

La première chose que je dois faire, à leur arrivée, c'est donc de leur rappeler qu'elles ne vées sur la peau. Les cas les plus courants concernent des pensées culpabilisantes, des comportements inhabituels, des croyances étranges, voire une modification des relations que la personne entretient avec ses proches. Elles conduisent à des tentations inaccoutumées, à des blocages spirituels, à des impressions de malédiction. Demandez autour de vous, vous verrez vite que tout le monde a déjà ressenti la trace de ce genre de choses, souvent à travers ce que les gens nomment fantômes, esprits, ondes, ou autre. Même les gens les plus athées ont déjà remarqué cela.

Je dis souvent que mon métier se situe à mi-chemin entre celui du médecin et celui du policier. En même temps, il n'est ni l'un, ni l'autre. Je ne suis ni flic, ni toubib, juste exorciste. Ce qui touche au domaine médical, psychologique ou judiciaire, n'est pas de mon ressort. Je suis juste là pour aider ceux qui se trouvent sous l'emprise du diable. Face à leurs problèmes, de nombreuses personnes se pensent sous l'influence de forces démoniaques. C'est à moi de le déceler. Pour cela, il faut que je mène mon enquête, ou que je fasse une anamnèse comme disent les thérapeutes, pour poser le juste diagnostic sur leur situation. L'anamnèse correspond au moment où le médecin recueille la description et l'historique des symptômes. S'ensuit le diagnostic, qui correspond à l'hypothèse faite sur l'origine de la maladie. Le policier, lui, reçoit la plainte, cherche l'auteur du problème. Mon travail se trouve à cheval entre tout ça : je dois d'abord relever et écouter les symptômes, puis traquer d'éventuelles preuves de la présence maléfique avant d'établir un diagnostic.

Mes entretiens commencent donc toujours par une phase d'écoute et de questionnement. Je demande aux consultants de me décrire les troubles qu'ils rencontrent, les malheurs qu'ils traversent et qui les conduisent à moi. Ces récits peuvent être très intenses ou au contraire très anodins dans les signes qui traduisent la souffrance. Cela va de petits blocages administratifs à des forts vomissements en rentrant dans les églises, en passant par des bruits de pas inexpliqués dans le logement. J'ai entendu vraiment toutes sortes de cas. Certains me racontent leur malchance, leurs peines de toutes sortes, d'autres me parlent de problèmes rencontrés au travail. Pour certains, il s'agit du premier lieu d'écoute où ils se confient sur ce qui les rend malheureux. Très souvent, ils n'en ont parlé à personne auparavant. Ceux qui viennent me voir ne sont pas tous fortement attaqués par le diable, fort heureusement, mais tous sont en souffrance. C'est la raison pour laquelle j'ai une boîte de mouchoirs posée sur mon bureau, à côté d'un petit ourson en peluche. Leurs témoignages sont pleins d'émotions. Souvent, il faut écouter et réconforter. Je vois beaucoup de larmes couler dans mon bureau.

Une fois le premier recueil d'informations terminé, vient une séquence plus interactive. C'est dans cette deuxième partie de l'entretien que je recherche de façon plus approfondie les preuves tangibles de l'action maléfique du diable. Selon les symptômes évoqués, mes recherches vont tourner autour des éléments bizarres qu'on me rapporte. Cela peut être des sensations, liées à nos cinq sens, pour lesquelles on ne trouverait pas d'explication rationnelle. Lorsque je suspecte une influence maléfique, mes questions vont alors se focaliser sur les voies par lesquelles le démon pourrait s'être immiscé dans leur vie. Nous autres chrétiens considérons que, dans le combat ordinaire, le diable s'approche de nous pour nous tenter, tandis que, dans le combat extraordinaire, il emprunte une porte qu'il faut trouver pour pouvoir la fermer. Il ne peut faire irruption en ce monde sans y avoir été convié, de manière directe ou indirecte. L'idée, c'est de trouver cette porte.

De tous les chemins d'accès possibles, l'exposition à l'occultisme est le plus direct. Certains rituels, devenus courants dans nos sociétés par le biais des nouvelles spiritualités, représentent de grands dangers. Ce sont les failles les plus communes par lesquelles les esprits se mettent à rôder dans nos vies. Je vois tous les jours, dans mon bureau, des personnes me parler de leur recherche d'une solution *via* les sciences occultes. Elles sont trompées par des termes plus attrayants, comme « parapsychologie », « paranormal », par les « thérapies énergétiques » et par de nombreuses autres pratiques aux noms accrocheurs. Elles vont voir des magnétiseurs, des chamans, des pseudo-exorcistes qui tarifent leurs prestations, et toutes sortes de personnes qui monétisent la souffrance des êtres humains. C'est le meilleur moyen de tomber de Charybde en Scylla. Il y a un vrai risque d'escroquerie, de charlatanerie, voire d'emprise sectaire ou d'emprise maléfique encore plus forte. C'est la raison pour laquelle je me bats afin qu'il y ait des prêtres exorcistes compétents, bien formés, en nombre suffisant, disponibles et faciles à rencontrer. Notre ministère doit être plus connu, davantage pris au sérieux, de manière à éviter que les âmes en peine tombent entre de mauvaises mains.

Vient ensuite l'heure du diagnostic. La grande majorité des cas qui se présentent à moi ne concernent ni possession diabolique, ni maladie mentale. Il s'agit simplement de gens imprudents, qui traversent de mauvaises passes, qui ont été en contact avec l'occulte, que j'aide à se débarrasser de leurs problèmes. Je reçois de nombreuses personnes qui mettent ce qu'elles vivent sur le compte des forces du mal. Je me souviens d'une entrevue où ma chaise, fatiguée par le poids des ans, a cédé en pleine séance. La personne a immédiatement cru que c'était une manifestation de l'œuvre du démon. Il a fallu que je la convainque qu'il s'agissait juste d'un malheureux hasard. Il est difficile parfois de faire entendre raison à des personnes convaincues par leur propre diagnostic. Les médecins avec qui je discute ne disent pas autre chose.

Mon travail, en fin de compte, ressemble beaucoup à celui d'un travailleur social. J'ai face à moi des personnes perdues, des populations délaissées. Je dois aider ces personnes à se remettre dans le droit chemin. Pour ces gens-là, je termine tout de même l'entretien par de courtes prières, pour leur redonner du courage face à l'adversité, puis par des conseils, selon les cas. Il existe des petits livrets qui proposent des prières quotidiennes, que je distribue à ceux que cela pourrait aider. De courts rituels de début et de fin de journée, contenant des conseils simples, pour se recentrer, retrouver une hygiène spirituelle et se placer sous la protection du Seigneur. Aux baptisés, je propose de se rapprocher de leur paroisse, de centrer leur vie sur le Christ. Il m'arrive également de bénir des objets qu'ils apportent. Mais tout cela n'est que secondaire. L'idée est d'accompagner les personnes vers une reprise en main.

Il existe deux sortes d'exorcisme : les prières de délivrance, ou exorcismes mineurs, et les exorcismes majeurs. Les prières de délivrance sont assez courantes dans l'Église catholique, on l'a vu, elles sont notamment récitées lors des baptêmes. Les exorcismes majeurs sont des prières beaucoup plus longues. Il est rare que je les emploie lors d'une première rencontre. Tandis que le petit exorcisme se prête à de nombreuses situations, le grand exorcisme est réservé aux situations où l'on constate une action extraordinaire du démon, comme j'en donne quelques exemples plus loin.

En France, comme dans de nombreux autres pays occidentaux, l'exorcisme possède une image très mystique, très secrète. Contacter un exorciste se fait à demi-mot, en secret, du bout des lèvres. J'ai pu constater, à mes débuts, à quel point il pouvait être difficile pour le grand public de trouver les coordonnées d'un prêtre exorciste. Plusieurs des confrères des autres diocèses ne sont pas simples à contacter, perpétuant sans le savoir une forme d'isolement de notre profession. Je ne partage pas cette vision de l'exorcisme qui tend à repousser notre activité à la marge de la société. C'est pourquoi j'ai fait en sorte que mes coordonnées soient faciles à trouver. Elles sont affichées à la cathédrale Notre-Dame-de-la-Seds de Toulon, ainsi que sur Internet. Toute personne habitant dans l'aire toulonnaise et souhaitant me rencontrer peut aisément trouver mon numéro de téléphone, ou bien mon adresse électronique. C'est aussi le cas des autres exorcistes du diocèse. Et je souhaite vivement qu'il en soit ainsi dans tous les diocèses français.

L'accessibilité des prêtres exorcistes est cruciale. Il ne doit être ni difficile d'entrer en contact avec moi, ni difficile de passer le pas de ma porte. Les personnes en souffrance ont souvent du mal à agir, à trouver des solutions à leurs problèmes. Elles évoluent dans le noir le plus complet. Elles sont fragiles, en proie au doute, facilement manipulables. Il est donc très important que tout prêtre exorciste simplifie l'accès à ses services. C'est pourquoi, en plus de mes rendez-vous à La Castille, je propose des consultations sans rendez-vous à la cathédrale. Les entretiens ne dépassent pas quinze minutes, tandis que les créneaux à La Castille durent une heure en moyenne. Cela me permet de recevoir un plus grand nombre de personnes, quitte à leur proposer de revenir me voir plus longuement.

Cette permanence, en plein centre de Toulon, permet de toucher des personnes qui pourraient avoir du mal à se déplacer pour une séance dédiée. À la cathédrale, beaucoup de personnes ne viennent me voir qu'une seule fois. Tout comme mes rendez-vous à La Castille, ces entrevues sont totalement gratuites. Ce sont avant tout des gens modestes, qui possèdent une approche très passive de la santé mentale. Elles n'ont pas l'habitude de voir des psychologues. Elles s'imaginent que cela va leur coûter cher. Elles se disent que la psychiatrie, c'est pour les fous. Avec moi, c'est autre chose. Mes consultations sont totalement *pro bono.* Au sein de la religion catholique, pas question de faire payer. Seuls les dons libres envers l'Église sont autorisés. Cette gratuité est d'ailleurs un point important de notre activité. Le fait que l'exorcisme ne soit pas un service marchand garantit une neutralité dans le traitement. Aucun exorciste travaillant pour l'Église n'a intérêt à voir le mal partout pour mieux se rémunérer, contrairement aux charlatans qui monnayent leurs services. En retour, la gratuité permet à des personnes peu enclines à dépenser de l'argent chez un psy de passer le seuil de ma porte. Je représente, pour la plupart, un premier pas vers une prise en main plus profonde. C'est vraiment le message le plus important que je tiens à transmettre : venez nous voir. Quitte à vous rediriger ensuite vers un généraliste, vers un psychiatre, vers un policier ou vers une assistante sociale. Ça ne coûte rien, au sens propre du terme.

Les bureaux des exorcistes sont ouverts à tous. Les personnes que je reçois sont issues de toutes origines et de toutes religions. La porte de mon bureau est ouverte à tout le monde, sans distinction de croyances. Il peut s'agir de personnes non baptisées, peu concernées par la religion, voire totalement étrangères à celle-ci. La plupart de ces personnes non croyantes restent originaires d'un monde judéo-chrétien, mais il m'arrive de recevoir des personnes totalement éloignées de la religion. Elles me parlent d'esprits, d'ondes négatives qu'elles ressentent, de mauvais génies, d'entités néfastes. Elles sont dans un brouillard pas possible. Ces personnes sont souvent envoyées par des croyants, des catholiques, ou bien par des personnes qui ont une spiritualité sans forcément être catholiques. Ce sont leur femme, leur mari, leurs proches, leurs amis, dont beaucoup ont déjà vu ou vécu des choses similaires. Elles savent que les prêtres exorcistes sont là pour aider les personnes en souffrance, quel que soit le mal que celles-ci subissent. Je leur parle de l'action du Christ, qui combat les forces du mal, et de l'aide que la spiritualité peut leur apporter. Je leur propose d'aller chercher la protection du Christ face à leurs craintes, d'adopter des petits rituels quotidiens qui soulagent. Le but n'est pas de faire du prosélytisme. Recruter pour une paroisse ne m'intéresse pas. Le plus important, pour moi, est de faire en sorte que cessent leurs souffrances. Après tout, nous sommes là pour ça, et uniquement pour ça, en faisant connaître la puissance du Christ et son amour miséricordieux. L'Église est, selon la belle expression de François, « un hôpital de campagne ». Il est donc dans notre ADN d'accueillir toutes les détresses.

En plus des chrétiens, des agnostiques et des athées, il m'arrive, assez fréquemment, de recevoir des personnes non chrétiennes. Elles ne partagent pas la foi au même Dieu que moi, mais elles croient aussi aux forces du mal. Elles ont entendu que, dans l'Église catholique, il y a des gens spécialisés dans toutes ces bizarreries. La seule chose que je leur demande, c'est de croire que je n'ai aucun pouvoir. C'est quelque chose de très important, pour elles comme pour les autres. Il n'y a rien de magique dans l'exorcisme. Dans ma foi, ma religion, ma croyance, c'est Jésus qui agit, après que j'ai demandé sa grâce. Je propose à ceux qui viennent d'accepter, dans leur cœur, cette possibilité, au moins pour essayer, de voir si cela peut les soulager. Être curieux n'est jamais nocif, tant qu'il ne s'agit pas de savoir ce que cela fait de mettre les doigts dans la prise. Je leur propose de mener mon enquête, de voir ce qui ne va pas. Si jamais il me semble que le problème provient d'un combat spirituel contre des esprits, je leur propose un temps de prière pour les aider. C'est assez simple pour elles, elles n'ont qu'à se laisser guider dans la cérémonie, puis éventuellement à suivre mes recommandations en dehors du temps de la consultation.

En dix ans de ministère, il ne m'est jamais arrivé de rencontrer des personnes qui, par principe, vont s'opposer et rester fermées aux idées que je leur tends. Les gens souffrent tellement… Tout ce qu'ils veulent, c'est s'en sortir, par quelque moyen que ce soit. Ma religion, dans le fond, n'est pas importante pour eux. Si j'étais bouddhiste et que j'avais bonne réputation, ils viendraient me voir de la même façon. Si je peux leur éviter de tomber dans le piège de l'occultisme ou de rencontrer des pratiquants peu sérieux, alors, autant faire ce que je peux.

Ce qui est intéressant, pour toutes les personnes qui viennent me voir, c'est d'observer ce qui peut se passer après. Avant de partir, je propose aux consultants de me tenir informé de l'évolution de leur cas après quelques semaines.

Cela permet de vérifier les intuitions nées pendant la séance. Après leur départ, je note dans mon carnet ce qui a été effectué. Chaque rencontre est l'occasion pour moi de noircir une page de carnet. J'en suis, à ce jour, à mon seizième. En plus de me permettre de noter les informations les plus importantes dans ma recherche de traces démoniaques, cette petite formalité me permet de tenir les comptes. Je sais précisément combien de personnes j'ai rencontrées, combien de fois j'ai vu chacune d'entre elles, pour quels changements dans leur vie.

Au moment d'écrire ces lignes, ces seize carnets représentent plus de trois mille rendez-vous à La Castille, sans compter ceux à la cathédrale. L'important, pour un exorciste, est de contribuer, dans absolument tous les cas, à ce que la personne qui a passé le pas de sa porte reparte un peu plus légère, que ce soit par le biais d'exorcismes ou simplement grâce à des conseils de bon sens.

3

Entretien avec le démon

Satan, ou Lucifer, est un ange déchu. C'est lui que l'on appelle le diable. L'Église enseigne qu'il a été d'abord un ange bon, créé par Dieu, comme les autres démons, et qu'ils se sont rendus mauvais par leur propre faute en refusant Dieu et son règne.

Quoique la plupart des cas ne semblent pas si graves, il arrive, en tant qu'exorciste, qu'on se retrouve face à des cas d'attaques fortes. Je n'oublierai d'ailleurs jamais la première fois que j'ai été confronté à la situation. C'était un mois à peine après avoir commencé ma formation initiale, avant même la nomination. Le père Jean-Régis, dont j'étais appelé à prendre la succession, m'initiait aux rituels de ce ministère. Je ne connaissais alors l'exorcisme que de nom. Cette première rencontre avec une personne possédée a été très spectaculaire. Je n'ose imaginer ce qui aurait pu se passer si j'avais eu à faire face à ce cas sans l'aide d'un confrère plus expérimenté. Cela aurait été difficile, peut-être même décourageant. Il n'est pas impossible que le Malin ait cherché à m'effrayer, à me faire renoncer au poste qui venait de m'être proposé. Après tout, il n'est pas dans son intérêt de voir de nouveaux prêtres exorcistes nommés.

Il s'agissait d'un cas connu. Appelons-le Victor. Quatre ou cinq prêtres exorcistes le suivaient, au gré de ses déplacements et de ses déménagements. Il arrive que plusieurs exorcistes reçoivent la même personne, pour croiser leurs impressions, pour obtenir un diagnostic plus juste. Cet homme suscitait un vif intérêt auprès de mes confrères. Son niveau d'emprise était particulièrement grave. On m'avait dit qu'il lui arrivait de se mettre en transe lors des prières collectives, de manifester des capacités médiumniques. Un jeune prêtre s'était vu citer par sa bouche des péchés qu'il avait lui-même commis, des péchés sans grande importance par ailleurs, puis il s'était fait surnommer par le démon du nom de la gourmandise pour laquelle il avait un penchant. L'esprit qui possédait Victor était moqueur et affabulateur. Lorsque les exorcistes réussissaient à entrer en contact avec lui, celui-ci mentait de sorte à les induire en erreur. Cela faisait désormais deux ans que le démon jouait, à travers lui, avec les prêtres qu'il rencontrait, et heureusement il semblait s'affaiblir progressivement.

Un matin, nous nous sommes retrouvés à neuf heures, au pied de La Castille, pour un grand exorcisme. Le père Charles s'était joint à nous pour nous aider dans la prière. Victor possédait un physique très imposant. C'était une vraie montagne. Le père Jean-Régis nous a conduits vers la chapelle qui jouxtait le bureau. Ne sachant pas à quoi m'attendre, je me suis installé au fond de la pièce, en simple observateur, sur le banc collé au mur. Pendant ce temps, le père Jean-Régis a fermé à clé toutes les portes. Quatre rangs devant moi, Victor s'est assis au premier rang, face à l'autel. Le père Jean-Régis se tenait debout à sa gauche. Le père Charles, debout lui aussi, a pris place légèrement à sa droite, de l'autre côté du possédé. Ainsi, tous deux l'entouraient. De mon coin, j'observais mes deux confrères préparer la cérémonie ainsi que le possédé. Tête baissée, il attendait en silence que les deux hommes de foi commencent la cérémonie liturgique.

Quelques secondes plus tard, je vis le visage de l'homme se redresser et il s'est tourné tout entier vers moi. Je me rappelle encore ce qu'il m'a dit. D'une voix assurée et moqueuse, il s'est exclamé : « Ah, Christophe, tu es là aussi ? » Cela m'a fichu la frousse, car mon prénom n'avait pas encore été prononcé. Je suis resté figé et silencieux. Après une courte pause, il a ajouté : « Tu vas voir ce qu'il va t'arriver cette nuit. » Il a ensuite repris sa position initiale, immobile, tête inclinée, en direction de l'autel. Ni le père Jean-Régis, ni le père Charles n'ont cillé. Tous deux étaient restés silencieux face aux fanfaronnades du démon. Je me suis mis à formuler, en silence, quelques prières pour m'aider à disperser les mauvaises pensées. J'étais surpris et gêné par ses capacités médiumniques.

La célébration du grand exorcisme avait démarré déjà depuis de longues minutes. Je me rappelle que la beauté et la puissance de cette liturgie m'ont fait un grand effet. C'était un texte qui m'était encore inconnu. Le père Jean-Régis récitait les invocations contre le démon. Face à lui, le possédé avait des réactions extrêmes, violentes, théâtrales. Le démon paraissait souffrir sous la force des prières, à moins qu'il ne cherchât à nous distraire par ses comportements grotesques. L'homme a juré et a craché à plusieurs reprises en direction du père Jean-Régis.

Je suis resté tapi, espérant qu'il ne reviendrait pas à la charge contre moi. Les deux prêtres ont poursuivi le déroulé de l'exorcisme, en continuant d'ignorer les provocations du démon qui parlait à travers cet homme et sortait sa langue de sa bouche de manière horrible, comme une gargouille.

Deux heures plus tard, le père Jean-Régis a ouvert les deux loquets par lesquels il nous avait tous les quatre enfermés dans la chapelle du château. Nous sommes sortis et avons salué Victor qui, après deux heures passées à nous maudire, à nous insulter, à nous menacer, nous a remerciés chaleureusement avant de disparaître.

Je me souviens que, une fois seul dans ma chambre, le soir venu, je me suis mis à prier longuement le Seigneur afin de retarder l'heure du coucher. Les menaces du démon me trottaient encore en tête. Je me suis mis au lit en me glissant tout entier sous la couette, les deux mains agrippées au bord. Le sommeil a fini par me cueillir, malgré les mots qui résonnaient encore. Je n'ai ouvert les yeux que sept heures plus tard, content qu'il ne se soit rien passé. La lueur du soleil transperçait par les volets. Le diable m'avait trompé ; aucun démon n'était venu troubler mon sommeil.

J'ai revu Victor deux mois plus tard. J'étais désormais prêtre et exorciste chargé du diocèse de Fréjus-Toulon, mission que je partageais avec le père Henri. Il m'incombait désormais de délivrer cette pauvre âme du mal qui l'emprisonnait depuis de trop longues années. Je n'étais pas très expérimenté, malgré la formation de trois mois que j'avais reçue. Encore une fois, je ne peux m'empêcher de penser à ceux qui n'ont pas la chance de recevoir le moindre enseignement. Leur premier cas de possession doit être un véritable moment de terreur.

Soucieux des manœuvres du démon, j'ai invité mon confrère à se joindre à nous pour cette deuxième rencontre. Le comportement menaçant du possédé m'avait fortement impressionné ; je ne souhaitais pas me retrouver seul face à lui pour ma première célébration du rituel. Aujourd'hui, je n'ai plus peur de ce genre de situation. À l'époque, l'idée d'être confronté directement à de mauvais esprits était encore intimidante. Le père Henri a reçu ma confession avant que commence la séance de prière ; c'est conseillé, non obligatoire.

Désireux de connaître son parcours, j'ai interrogé Victor dans mon bureau avant de

gesticulait, menaçait. Je m'adressais à lui, le questionnant, conformément au rituel romain, à chacune de ses manifestations : « Quand es-tu arrivé ? », « Combien de démons sont là ? », « Qui les a envoyés ? » Mais le diable ne répondait jamais à nos demandes.

Au bout d'une heure, une fois nos prières terminées, j'ai questionné Victor sur la séance. Il m'a répondu se souvenir de tout. L'esprit démoniaque ne lui avait épargné aucune souffrance. Il arrive que les possédés sortent des séances sans en avoir le moindre souvenir. Victor m'a ensuite longuement interrogé sur le catéchisme. Son souhait était de se marier, mais cela lui paraissait impossible tant qu'il était possédé. Avoir une vie spirituelle riche est la meilleure protection face au démon. J'étais heureux qu'il envisage de prendre soin de lui et de son âme, et qu'il réussisse à se projeter dans une vie plus paisible.

Nos entrevues se sont répétées durant six mois, toutes les trois semaines environ. Il s'agissait d'un cas éprouvant. Les séances étaient toujours longues et impressionnantes, et les mensonges du Malin toujours aussi nombreux. Ceux-ci me rendaient la tâche difficile. Le démon changeait ses réponses d'une séance à l'autre. Il m'empêchait de savoir si la cause continuait à produire ses effets ou non. Je lui demandais, en latin, quel jour il comptait partir, et quel serait le signe de son départ. Ce sont des questions que l'on pose habituellement dans l'ancien rituel[1], et toujours en latin, pour communiquer directement avec le démon. Selon le rituel, le fait qu'il réponde à ces questions était un signe de son affaiblissement, voire d'une délivrance à venir. De tels signes sont nombreux. Cela peut être une bougie qui s'éteint toute seule, une fenêtre qui s'ouvre, ou encore des coups dans la porte.

La vérité nous est venue au bout d'une demi-douzaine de séances. Au milieu de toutes les affabulations, le possédé a répondu à plusieurs reprises qu'un pacte avait été passé avec un voyant. Je tenais un premier élément de réponse par lequel je pouvais avancer dans la recherche. J'ai dit à Victor d'explorer cette piste. C'est ainsi qu'il a trouvé, par lui-même, l'origine de son mal. Son patron, avec qui il entretenait de très bons rapports, avait consulté un occultiste pour

1. Je reviens plus précisément sur les rituels de l'exorcisme dans le chapitre 6.

le faire progresser dans sa carrière. Pensant que cela aiderait l'employé et l'entreprise, il avait fait jeter un sort, afin que son commercial connaisse de grandes réussites en affaires.

Quelques mois plus tard – il était entre-temps retourné vivre à Paris –, alors qu'il était de passage dans la région pour des raisons professionnelles, Victor m'a invité à déjeuner pour me donner de ses nouvelles. Il avait vaillamment continué les séances avec d'autres exorcistes et fini par être totalement libéré. J'ai découvert un homme en paix, heureux dans sa vie. Il m'a confié sa joie d'avoir enfin découvert la foi et d'être délivré des incessants accès de colère qui l'animaient. Il était devenu un chrétien convaincu, pratiquant, très assidu dans sa vie spirituelle.

Victor n'était pas le seul à être sorti grandi de cette épreuve. À ses côtés, j'avais découvert la puissance de ce ministère, auquel je me suis consacré corps et âme depuis cette première rencontre.

4

Les faux possédés

Les cas de possession restent, fort heureusement, relativement rares. Ce n'est quand même pas tous les jours que l'on rencontre le diable sur sa route. Sur les quelque trois mille entretiens que j'ai menés à ce jour, à la cathédrale de Notre-Dame-de-la-Seds comme à mon bureau à La Castille, seuls une soixantaine de consultants se sont révélés fortement attaqués par des esprits démoniaques.

Distinguer les problèmes psychiques des véritables attaques démoniaques n'est pas évident au premier coup d'œil. Il faut, pour commencer, discerner les problèmes pour ce qu'ils sont, sans préjugé aucun. Il n'y a pas de plus grand danger pour un exorciste que de vouloir voir le mal partout, quitte à le voir là où il n'est pas. Il faut être le plus mesuré possible. Le recours à l'exorcisme majeur n'est envisageable qu'en cas de suspicion avérée et confirmée par une enquête. Il faut faire une recherche précise des formes d'occultisme et de pseudosciences par lesquelles le démon a pu infiltrer et corrompre une âme.

Face à ces questions, le prêtre exorciste possède deux grandes aides. La première est celle des livres liturgiques autorisés, comme les différents rituels. La deuxième aide est celle des professionnels de santé mentale. Beaucoup pensent que la religion néglige la science, mais ce n'est pas le cas. Mon expérience d'exorciste m'a convaincu que nos professions doivent aller de pair et travailler main dans la main. Lorsqu'il s'agit de déterminer si une personne est ou non possédée, l'exorciste peut recourir aux avis d'un médecin psychiatre pour s'assurer du bon état mental de ses consultants. C'est une étape qui me paraît importante, qui apporte de la prudence. Aucun exorcisme majeur ne devrait pouvoir être célébré sans qu'on ait écarté la possible présence d'une pathologie mentale. Il m'arrive régulièrement de rentrer en contact avec des psychiatres de ma région, afin de leur faire rencontrer les cas les plus graves. Ce sont eux qui m'aident à être certain de l'aide qu'il est nécessaire d'apporter. Moi, ce n'est pas mon domaine.

Je peux déceler des indices, mais pas poser un véritable diagnostic médical ou psychiatrique. Une fois que le psychiatre m'a dit qu'il n'y avait pas de pathologie, je peux célébrer l'exorcisme, pour délivrer la personne possédée du mal. Si, au contraire, un trouble semble présent, je me dois de confier les personnes souffrantes aux autorités médicales compétentes. Il existe également des cas où l'intervention des deux disciplines est indispensable. Chacun travaille, de fait, dans son domaine de compétence.

Cette communication avec la sphère médicale est précieuse à notre profession. Un grand nombre de personnes en souffrance psychique viennent à notre rencontre. Pour elles, nous nous devons de mobiliser tout le savoir et toute l'aide que la science et la médecine peuvent leur apporter, et de faire preuve d'une prudence toute particulière et d'un discernement sans faille. Comme je le disais, ce n'est qu'une fois la présence de troubles mentaux écartée que l'exorciste peut poser un diagnostic qui ne souffrira pas d'erreur. Tout comme les psychiatres doivent pouvoir me faire confiance lorsqu'ils font appel à moi, je dois pouvoir faire confiance à leurs jugements. Si je ne suis pas apte à reconnaître judicieusement les cas de possession, qui d'autre que moi le pourrait ?

Les convictions des consultants, lorsque nous cherchons le juste diagnostic, ne nous rendent pas la tâche facile. De nombreuses personnes pénètrent dans mon bureau en étant persuadées d'être possédées ou sous l'influence d'un mauvais esprit. J'ai pu constater à quel point des personnes, même athées, peuvent croire en l'existence du diable lorsqu'elles traversent des épreuves difficiles. Si l'on faisait un sondage, il y aurait plus de personnes convaincues de l'œuvre du mal que de celle du bien. Alors, elles s'inventent de possibles ensorcellements dont elles n'ont pas de preuve objective. Elles cherchent dans leur entourage des personnes malveillantes qui auraient pu leur vouloir du mal. Elles imaginent que des esprits habitent leur maison. Tout cela n'est pas impossible, mais il ne faut pas que ce soit pris pour argent comptant sans aucune vérification. Se croire possédé a quelque chose de valorisant pour certains catholiques très pratiquants qui ont un problème de santé mentale. Cela offre un statut social plus enviable. Ils ont l'impression d'être des mystiques, fortement attaqués par le démon du fait de leur sainteté. Autour d'eux, ils bénéficient d'une petite cour de personnes priant pour elles, pleines de compassion et d'admiration.

Ce genre de persuasion est d'autant plus néfaste qu'elle rend nos recherches délicates. Elle conduit certains consultants à me fournir des informations orientées, voire erronées, pour obtenir de moi une aide qui pourtant ne servirait à rien. Plutôt que de lutter pour améliorer leurs conditions de vie, les malheureux viennent avec l'espoir que je résolve les difficultés qu'ils traversent d'un coup de baguette magique. Malheureusement pour eux, je ne possède aucune baguette magique. Dieu lui-même ne s'y prend pas ainsi.

Les faux possédés sont les cas les plus compliqués à gérer. Il s'agit de gens qui, pour une raison ou pour une autre, ont des comportements qui ressemblent à ceux des possédés. Ce sont des cas très impressionnants, les plus impressionnants que j'aie pu voir. Quelqu'un qui convulse, qui pousse des cris, qui se roule par terre. Sans aide psychiatrique, il peut être très difficile de distinguer les possessions des troubles de la personnalité. J'ai appris, à leur contact, à recueillir avec la plus grande prudence les différents témoignages qui m'étaient rapportés.

J'ai eu entre les mains, peu de temps après ma rencontre avec le démon, le cas d'une femme si malmenée par un exorciste autodidacte qu'elle s'était elle-même convaincue de sa possession par un esprit. Il s'agissait d'une jeune religieuse qu'on m'avait demandé de rencontrer. Cette sœur s'était mise à avoir des pensées impures, à se comporter de manière étrange. Le prêtre de sa communauté, sans plus mener d'enquête, s'était empressé de tenter de résoudre le cas. Impressionné par les récits que lui faisait cette femme, il avait suspecté le diable de se cacher derrière ses pensées. Il avait alors décidé d'agir, sans consulter les prêtres exorcistes de sa région. Il faut savoir que tout prêtre peut pratiquer des rituels exorcistes, *ad actu*, c'est-à-dire dans une seule situation et pour une seule personne, à condition que son évêque accepte la requête. C'était ce que cet homme d'Église avait fait, avec de fâcheuses conséquences. Après avoir demandé à son évêque l'autorisation ponctuelle de célébrer un exorcisme, il s'était mis à vouloir délivrer cette jeune femme d'un mal dont elle ne souffrait pas.

Ce prêtre ne pensait pas à mal en tentant cette entreprise. Simplement, cette religieuse n'était touchée par aucune possession, ni la proie d'aucune influence démoniaque. Ses comportements, certes erratiques, ne nécessitaient pas d'autres soins que ceux d'un psychiatre. À force d'imprudences et d'incompétences, le prêtre a fini par sérieusement maltraiter cette femme tout entière dévouée au Christ. Les séances d'exorcisme, sans effet sur ses actions et sur ses pensées quotidiennes, ne firent qu'aggraver son cas. Répétées à l'excès, celles-ci l'ont placée dans un état de peur permanente, quasi paranoïaque. Elle en était arrivée à voir le démon partout, dans toutes ses crises et dans tous les phénomènes. Le rapport entre le prêtre et la religieuse tourna à l'emprise. Tandis qu'elle subissait l'aggravation de son état, lui éprouvait la plus grande honte à ne pas réussir à la sortir de son mal. Tous deux souffraient énormément.

Lorsque je reçus cette jeune religieuse, son cas m'est apparu comme extrêmement grave. Elle était intimement convaincue de sa possession et n'était pas en mesure d'entendre qu'il pouvait en être autrement. Elle avait appris à mimer les symptômes de la possession. Elle les reproduisait dans des crises violentes et spectaculaires. J'ai été très impressionné par son regard noir, par ses paroles insensées et par ses agissements effrayants et compulsifs. Au premier abord, elle paraissait effectivement possédée. Quelques minutes de discussion suffirent pourtant à me persuader qu'aucun démon ne se cachait derrière ses troubles.

Malheureusement, sûre d'être possédée, la sœur ne répondait à aucune de mes suggestions de faire appel à une aide médicale. L'aide d'un psychiatre était indispensable à son secours, ce qu'elle se refusait à entendre. Il m'a fallu plusieurs séances de prières sans exorcisme pour établir la confiance, lui faire entendre qu'elle pouvait avoir besoin du regard d'un psychiatre connaissant la question du combat spirituel. Je devais veiller à ne pas briser cette âme perdue dans des croyances fantaisistes. Il n'était pas question de faire voler en éclats sa réalité, sous peine de la mettre en danger. Le risque de la voir attenter à ses jours était trop important pour combattre frontalement sa croyance.

J'ai continué à guider cette femme vers l'idée de consulter un médecin, sans jamais la confronter directement dans sa certitude d'être possédée. Je voulais qu'elle retrouve foi en la miséricorde divine ainsi que la confiance en soi. Ce ne fut qu'au bout de la troisième rencontre que j'ai réussi à lui faire accepter l'éventualité de consulter un médecin psychiatre. Celui-ci a pu l'accompagner ensuite de façon pertinente.

Comme je l'ai évoqué, des cas de fausses possessions se rencontrent parfois chez des personnes ayant des sérieux troubles mentaux non détectés, et qui par ailleurs sont des catholiques fervents. Plusieurs confrères m'ont témoigné de situations similaires. Ces malades s'identifient à des figures de saints frappés par les ruses du démon.

Dans la société civile, également, de nombreuses personnes se pensent prises entre les griffes de démons. Ces personnes sont d'autant plus fragiles que, mises entre les mains de charlatans, elles risquent de tomber sous leur emprise et d'y laisser une partie de leurs économies. De pareils cas ont été répertoriés un peu partout. Des personnes vont voir un charlatan qui les convainc qu'elles sont possédées pour les faire revenir et ainsi se rémunérer sur leur dos. C'est malheureusement trop fréquent. C'est pourquoi l'écoute et l'enquête que nous offrons restent si importantes dans nos sociétés où le lien social est fragilisé et où beaucoup vivent dans une forme d'isolement. Celles-ci me permettent d'aider les personnes en souffrance et de les guider vers les soins dont elles ont le plus urgemment besoin.

5

Le diable dans les détails

L'enquête est le moment le plus important de mon travail. Ce n'est qu'à travers celle-ci que je peux séparer le vrai du faux, les cas bénins des véritables possessions. C'est le moment où je dois être le plus rigoureux et le plus méthodique. Autrement, je risque de laisser quelqu'un en danger. Cette phase de mon travail demande de la confiance. Il faut que j'instaure un dialogue, pour que les personnes qui se confient croient en moi et ne se sentent pas jugées. Il ne faut pas que les consultants me cachent certaines imprudences, certaines pratiques dangereuses. Seuls le temps et l'écoute me permettent de déceler les véritables causes des souffrances.

Il existe plusieurs niveaux de l'action extraordinaire du démon, dont j'ai parlé précédemment : les vexations, les obsessions, les possessions et les infestations. Dans le jargon religieux, les vexations définissent les attaques extérieures sur le corps. Il peut s'agir de l'impression d'être touché, d'un souffle ressenti dans le cou ou sur le visage, de différences de températures ressenties. Ces actions extraordinaires concernent les cinq sens, plus particulièrement le toucher. Dans les cas les plus graves, des coups sentis, suivis d'ecchymoses ou de griffures. Il peut arriver que des personnes se retrouvent avec les mêmes stigmates que ceux du Christ, ou des lettres et des messages inscrits sur la peau. Ce sont des cas extrêmes, identifiés dans la grande histoire de l'exorcisme, que je n'ai pas vus de mes propres yeux. Les obsessions, elles, sont des pensées, des images ou des paroles qui s'imposent à nous, intérieurement, et qui visent directement Dieu ou une vertu comme la foi, la pureté, la charité, etc. Ensuite, la possession concerne la prise directe de contrôle du corps par un ou plusieurs démons. Le possédé perd le contrôle, lors de crises parfois spectaculaires. Le démon peut se retrouver à parler à travers sa bouche, à regarder à travers ses yeux, à parler des langues inconnues. Le possédé peut se découvrir une force inouïe, ou encore être capable d'obtenir des informations cachées. Il peut ressentir la colère, la tristesse, la haine, la peur, adopter des comportements dangereux, violents, à risques. Certaines personnes entrent en transe. Elles ne sont plus en pleine possession de leur libre arbitre. Mais cela ne va pas jusqu'à la perte totale de la liberté. Personne ne peut commettre de meurtre au prétexte d'être possédé. Ça, ce sont des fables que l'on ne voit que dans les films. Tous ces différents symptômes ne s'excluent pas. Dans le cas d'attaques graves de démons, j'observe souvent un mélange de vexations et d'obsessions.

Le dernier cas, celui des infestations, désigne plusieurs choses. La première est une commodité de langage, que j'utilise lors de mes jugements prudentiels, pour désigner l'équivalent de l'état grippal. Il y a des symptômes, mais on ne peut pas encore être sûr de ce qu'il y a derrière. La deuxième est plus précise. Elle concerne, de manière formelle, les animaux et les lieux. Cela peut être, par exemple, la présence d'esprits malveillants dans la maison. Ça se traduit par des objets cassés, détruits ou disparus, ou par la sensation d'une présence invisible. Ce que l'on nomme maison hantée, c'est un cas d'infestation par des esprits mauvais et non par des personnes défuntes, comme le véhicule la croyance populaire. Les fantômes, ça n'existe pas.

Analyser correctement la situation me demande d'avoir l'esprit clair. Je dois pouvoir cloisonner tous mes rendez-vous, ne pas rester dans l'impression que m'ont faite les entretiens précédents. Je dois systématiquement repartir de zéro, car j'ai le devoir de me rendre totalement disponible pour ceux qui sont là. Pour ça, j'ai une petite routine : j'ouvre la fenêtre, pour faire circuler l'air, le temps de réciter un *Notre Père.*

Les séances sont structurées de manière fixe. Il y a d'abord l'accueil. Des questions simples, pour créer un lien. Ensuite, j'offre un espace à la personne pour exprimer tout ce qui la fait souffrir ou mentionner tout ce qu'elle estime être bizarre. S'ensuit une séquence interactive, de dialogue. Je lui pose des questions sur des sujets qu'elle n'a pas abordés. Ces éléments constituent le temps de l'enquête : une fois que j'ai suffisamment d'informations, je suis en mesure de poser un premier jugement prudentiel, qu'un médecin nommerait diagnostic. Ensuite, nous vivons un temps de prière. Je prends toujours soin de préciser quelles prières nous allons utiliser, cela rassure. Pour finir, il y a le débriefing, avec les recommandations que je pense nécessaires.

La première partie de l'entretien correspond à ce que les psychologues nomment l'expression de la plainte. Cette partie est essentiellement un monologue. Les personnes qui viennent me voir me parlent de leurs problèmes, de maux et d'afflictions qu'elles rencontrent dans leur vie. L'écoute active et empathique est fondamentale, car cette étape est souvent douloureuse pour les consultants. Ils peuvent me confier de lourds secrets, des comportements anormaux dont ils ont honte, ou encore des événements étranges qu'ils peinent à décrire correctement. Les personnes que je reçois sont appelées à se sentir en sécurité. Mon bureau se doit d'être un lieu rassurant. L'atmosphère est celle d'un lieu sacré, mais aussi d'un lieu familier. J'ai disposé de petits objets, de-ci, de-là, pour leur envoyer des signaux positifs. Sur le radiateur, au fond de mon bureau, se trouve un exemplaire d'un livre intitulé *Le monde va beaucoup mieux que vous ne le croyez*[1]. Un petit ours brun en peluche est

1. Jacques Lecomte, *Le monde va beaucoup mieux que vous ne le croyez*, Les Arènes, 2017.

également posé sur mon bureau. J'ai une grande image d'un girafon avec sa mère qui l'embrasse, que j'aime bien commenter avec mes consultants, et, derrière moi, une grande illustration de la Miséricorde divine, sur laquelle on voit le Christ, qui nous bénit, montrant son cœur d'où jaillissent des rayons de lumière, pour recentrer ces personnes sur Jésus. Il faut que le lieu rassure, inspire confiance, accompagne les personnes dans un chemin de paix.

Passé le premier recueil d'informations, avec le plus d'indices tangibles et d'éléments factuels, je reprends le cours des événements afin d'explorer les pistes qui auraient pu être laissées de côté. Cette deuxième étape est tout aussi importante. Elle me permet de cibler les liens que peuvent avoir les personnes que j'ai en face de moi avec la divination ou avec la magie, parfois les dérives sectaires, de déceler les emprises, tout ce que les personnes pourraient avoir oublié de mentionner. Je les questionne sur les pratiques occultes de leur famille, ou de leur entourage. Ce n'est qu'à ce moment-là, après avoir recueilli la parole des consultants et échangé avec eux, que je possède assez d'informations pour identifier la nature du problème.

Les maux que je croise dans mon bureau peuvent être divisés en deux catégories. D'un côté, ceux dont la cause appartient au passé, dont les personnes constatent avec douleur les conséquences néfastes sur le présent. De l'autre, ceux dont la cause existe encore et continue à exercer un effet. Cela peut être une mauvaise pratique présente dans leur vie, des sorts qui continuent à être jetés. Ces deux cas peuvent bien entendu cohabiter chez une même personne. Une image que j'utilise souvent est celle de la maison inondée. Quand on entre dans la maison, si l'eau continue à couler, il faut tout d'abord fermer le robinet. Ensuite, et seulement dans un second temps, on peut commencer à écoper. C'est la même chose avec l'action du démon. Je dois aider les personnes en souffrance à déceler les pratiques qui ouvrent la porte au diable, comprendre d'où cela peut provenir, leur permettre de stopper l'emprise. Il n'y a qu'ainsi qu'elles peuvent se tirer d'affaire.

Les conséquences de ces maux sont nombreuses et variées. Certains symptômes reviennent plus ou moins souvent, même si chaque cas est unique. Les plus fréquents concernent l'empêchement d'avancer dans la vie. Les personnes me parlent de blocage. Beaucoup me confient avoir des difficultés dans le travail, dans leur couple, au sein de leur famille. Elles ne réussissent plus à prendre de décision. Tout ce qu'elles entreprennent échoue. Souvent, la détresse psychologique s'ajoute à l'influence maléfique. Une forme de résignation s'installe. Il faut les aider à moins souffrir, à retrouver la confiance, en elles, en la foi, à chasser les idées noires qui se sont accumulées.

Il existe aussi des cas plus spécifiques, qui peuvent autant provenir d'un problème psychologique que d'une action du démon. Je me souviens d'une personne dont la vie avait basculé ainsi. Durant l'été, elle s'était mise à être dégoûtée par tout ce qui a trait à la religion. Elle ne parvenait plus à visiter d'église. Pourtant, sans être pratiquante, il lui arrivait fréquemment, avant que les problèmes ne surviennent, en voyage, de visiter des édifices religieux. C'était même l'une de ses passions. Cette aversion s'était accompagnée de pensées contre la pureté, de blasphèmes, d'un profond dégoût pour l'amour. Des envies suicidaires avaient commencé à se manifester. À la fin de la première séance, j'ai prié pour elle et lui ai suggéré d'aller voir un psychiatre catholique que je connais.

Plus tard, celui-ci m'a confirmé que cette personne n'avait aucun trouble qui pouvait expliquer ces pensées morbides. La situation n'ayant pas changé, je l'ai reçue à nouveau quelques semaines plus tard. À force de questionnements sur ses pratiques occultes, elle m'a avoué être allée voir un magnétiseur et que les troubles étaient apparus dans la foulée.

Dans mon métier, je suis confronté à tout un tas de croyances plus ou moins fantaisistes. Certains, comme je l'ai évoqué, sont persuadés qu'un sort leur a été jeté, sans aucune preuve pour étayer vraiment leur conviction. Ils se disent que les personnes qu'ils n'aiment pas ont voulu leur nuire. Séparer les traces manifestes de la présence de démons des peurs et des croyances est un travail fastidieux. Les consultants arrivent dans mon bureau avec leur culture, leur histoire, leur environnement, les récits que certaines personnes leur ont mis en tête. Tout cela contribue à les conditionner. Les entretiens me permettent de distinguer ce qui est réel de ce qui ne l'est pas. Ceux qui ont trop longtemps souffert viennent parfois en désespoir de cause, ils ne croient plus en la possibilité de s'en sortir. Il n'est pas rare que l'on me dise : « J'ai tout essayé ! » Certaines personnes m'assurent que je suis leur dernier espoir. Des non-croyants, principalement, qui se sont fabriqué leur propre spiritualité, ou des croyants qui se sont éloignés de la pratique religieuse. Je dois aider ces derniers à retrouver la foi. Tous, je dois les encourager, leur rappeler que le Christ peut les aider en les délivrant du mal, ou bien en les renvoyant vers les spécialistes qui auront une action bénéfique sur eux. C'est important que la personne puisse s'appuyer sur l'Église et sur moi, en tant que mandaté de l'Église, pour ce type d'accompagnement. Mon but est leur délivrance, leur guérison, leur soulagement. Il me paraît important de les guider vers la pratique de la religion, de revisiter leurs racines chrétiennes quand ils en ont. Il faut que les baptisés prennent au sérieux leur vie chrétienne. Aux autres, je conseille de réfléchir à leur itinéraire de vie. Le point commun pour tous, c'est que j'essaie de les tourner vers le Christ. Dans l'évangile selon Matthieu, il y a bien l'histoire d'un homme qui se voit libéré du démon, avant que sept autres démons bien plus méchants encore ne reprennent possession de lui (Mt 12, 43-45). L'âme, libérée du démon, n'est pas à l'abri de son retour. Il faut résoudre durablement le problème. Seule une vie spirituelle et sacramentelle peut permettre de mettre toutes les chances de son côté dans ce combat. Ma démarche est explicitement chrétienne, mais sans prosélytisme.

Trouver l'origine du mal n'est pas toujours facile. Même avec l'expérience, il peut arriver qu'un doute subsiste, que la lumière soit dure à trouver à travers les ténèbres. Il est parfois très difficile de se faire un avis. Un confrère m'a récemment envoyé une patiente. Il était troublé par son histoire, je le sentais dans l'embarras. Il m'a expliqué que les réactions de cette personne lui paraissaient disproportionnées. Sans écarter totalement la possibilité d'une possession, il lui semblait qu'une partie des problèmes de cette personne pouvaient être d'ordre psychologique. J'avais été prévenu qu'elle pouvait être prise de vomissements et de comportements violents. Il souhaitait avoir un deuxième avis, et m'a envoyé sa consultante, comme nous le faisons parfois.

La femme était âgée d'une quarantaine d'années. Elle est venue accompagnée de sa sœur. Elle paraissait interdite, ne parvenait pas à me raconter ses problèmes. Sa sœur a alors commencé, à sa place, le récit des crises apparues ces derniers mois. Son problème s'était déclenché à l'occasion d'un parcours Alpha. Il s'agit de rencontres hebdomadaires de partage et de formation sur la foi chrétienne, sur dix semaines. Un moment très convivial, pour des personnes ne connaissant pas la religion, qui peuvent poser toutes les questions qui les traversent. C'était sa sœur qui l'y avait emmenée. Elle était catholique, pratiquante, récemment baptisée mais très convaincue, tandis que sa sœur, que j'ai ensuite reçue, était totalement rétive à la religion.

Sa vie avait basculé en deux temps. Lors d'une chute de cheval, tout d'abord, qui l'avait laissée souffrante durant plusieurs mois. Un long arrêt maladie lui avait été prescrit afin qu'elle puisse se rétablir, ce qui l'avait conduite à une forme de désocialisation progressive. Puis, lors de la formation Alpha, au cours de laquelle elle avait été prise de crises effroyables. Elle s'était alors mise soudain à refuser de rentrer dans des églises, à insulter des religieux, à maudire les symboles chrétiens qu'elle pouvait rencontrer. Il y avait vraiment eu un avant et un après. Depuis cet événement, elle connaissait de nombreuses manifestations pénibles, comme des crises de tremblements, de tétanie, voire d'automutilation.

Dans mon bureau, je l'ai vue en transe durant toute la séance. Elle se tenait la tête, bredouillant des paroles incompréhensibles, plongeant ses ongles dans la chair de son visage tandis que sa sœur essayait de l'en empêcher. Elle ne parlait qu'à voix basse, comme à elle-même, et ne levait la voix que pour m'insulter. Heureusement, je commence à en avoir l'habitude.

Son cas m'a tout de suite posé une question. Une personne dans un tel état de conscience modifié ne peut pas simuler. Il y a quelque chose en elle qui se révèle. Les faux possédés ont souvent ce genre de réactions excessives, mais elles ne durent en général pas longtemps. Il suffit de prolonger la séquence pour les voir s'essouffler.

Le récit fait par sa sœur était édifiant. La consultante était une personne qui avait longtemps été en contact avec l'occultisme. Elle tirait les cartes et fréquentait des magnétiseurs. J'ai longuement questionné sa sœur sur le suivi médical dont elle a bénéficié. Je voulais savoir si la personne avait consulté un thérapeute ou si elle n'avait pas du tout envie d'y aller. Les consultants ont souvent du mal à l'idée d'entreprendre cette démarche. Certains préfèrent venir me voir plutôt que de prendre rendez-vous avec un simple généraliste. Cela m'interpelle toujours. Quand je leur parle d'aller voir un médecin ou un psychiatre, ils sont souvent déçus ; comme si, soudain, je les pensais fous. D'un autre côté, le démon, s'il est présent, n'a pas intérêt à ce qu'ils se soignent.

Ce travail collaboratif avec la médecine est important dans ma recherche du diagnostic. Je ne peux accepter de revoir certains consultants que s'ils font l'effort d'aller voir un psychiatre. Plus l'hypothèse de l'action du démon est forte, plus j'ai intérêt à ce qu'ils aillent consulter ce spécialiste. C'est aussi leur intérêt : ils doivent être actifs dans la transformation de leur quotidien, redevenir acteurs de leur vie. C'était d'ailleurs le cas de la consultante que j'avais alors en face de moi : sa sœur avait réussi à lui faire rencontrer deux prêtres exorcistes, mon confrère et moi, mais pas de médecin.

J'ai essayé de la faire se redresser, de lui faire regarder l'image du Christ qui se trouvait derrière moi. Elle n'en avait pas du tout envie, alors je n'ai pas insisté. Il ne faut pas être trop brusque lors d'une première rencontre. Pour les personnes sous l'emprise du démon, ou possédées, aussi bizarre que cela puisse paraître, le corps, les émotions, tout cela constitue une voie pour le Malin. Le fait que la personne possédée regarde cette image est très pénible pour lui. Il va avoir tendance à lui faire fermer les yeux, baisser la tête, se replier sur elle-même. J'essaie de l'aider à s'ouvrir, à mieux respirer, à ventiler davantage. Certains réagissent très fortement à l'image du Christ. Je n'ai jamais vu de personne perdre connaissance, mais parfois j'ai senti que l'on n'en était pas loin.

Cette première séance ne m'a conduit à aucune certitude. Il était possible qu'un démon ait été en sommeil, tout comme il pouvait s'agir d'une souffrance psychologique à la suite de sa chute de cheval, ou bien d'un traumatisme enfoui, réveillé au moment du parcours Alpha. J'ai prodigué de simples prières de délivrance, très douces. Je voulais être le plus neutre possible. Je suis resté à une certaine distance d'elle, gardant entre nous la présence de sa sœur qui l'accompagnait. Je n'ai pas posé ma main avec l'étole sur sa tête, comme j'ai l'habitude de le faire. Dans d'autres cas, je n'aurais pas agi ainsi : je l'aurais fait changer de place avec sa sœur, pour être plus proche d'elle et pouvoir mettre l'étole et le crucifix-médaille de saint Benoît sur sa tête – celui-ci est utilisé selon une coutume immémoriale par les prêtres exorcistes, sans que je tienne plus d'explications à cela –, peut-être l'aurais-je aspergée d'eau bénite. Pour cette première rencontre, comme souvent pour les premières consultations, je voulais éviter d'induire toute suggestion.

Avec elle, je n'ai utilisé que des textes en français, sur un ton calme. Le latin peut fortement perturber les gens. C'est une langue ancienne, sacrée, très évocatrice. Il y a cette croyance, que je ne partage pas, selon laquelle le démon déteste cette langue, et que les prières en latin sont plus efficaces. Le démon n'a pas plus peur du latin que du français. J'ai donné à cette femme plusieurs conseils aussi bien sur le plan psychologique que spirituel, comme la bénédiction du logement. C'est important spirituellement, mais aussi psychologiquement. Si la personne sait que son logement est béni, elle s'y sentira mieux. L'effet psychologique s'ajoute à l'effet spirituel. Les deux ne sont pas étanches. Ils jouent l'un sur l'autre. Le psychique, comme le spirituel, joue sur le corps. Voir son logement être béni, même participer à cela, pourrait lui permettre de s'y sentir mieux – par expérience, si un prêtre bénit un domicile en l'absence de la personne qui l'habite, cette dernière n'est pas pleinement soulagée et ne se sent toujours pas en sécurité.

Après la première prise de contact avec les consultants, je leur demande de me faire part, au bout de trois semaines, par e-mail ou par messagerie, des évolutions tangibles de leur situation, des sensations ressenties. Tous mes rendez-vous sont consignés avec la date et le nom de la personne, afin d'assurer un suivi facilement si nécessaire. Je note brièvement dans mes cahiers ce que j'ai fait, ce que j'ai donné, ce que j'ai conseillé et ce que j'ai reçu. Dans le cas où la personne ignore si son logement a été béni, je prescris systématiquement la bénédiction par un prêtre de sa paroisse, proche de chez elle. Je dis alors au prêtre de venir de ma part, sans nécessairement entrer dans le détail. Cela les oriente vers le Christ, vers l'Église. À cette femme évoquée juste avant, j'ai proposé d'aller voir un psychiatre de ma part car un diagnostic médical me paraissait nécessaire. Pour certains, le retour d'expérience est beaucoup plus rapide, notamment lorsque les prières ont eu des effets bénéfiques évidents ou, qu'au contraire, elles ont forcé le démon à se révéler plus clairement. Je leur donne aussi des médailles, des prières à réciter et des petits exercices à effectuer chaque jour pendant trois semaines, car c'est une démarche qui responsabilise les personnes. Je ne veux pas les laisser seuls, désemparés. Ils doivent pouvoir verbaliser les progrès, pour retrouver l'espoir d'aller mieux.

6

Le rituel de l'exorcisme

Ma pratique de l'exorcisme n'a rien d'effrayant et je ne cherche pas à me donner en spectacle. Je ne me sens pas du tout proche des exorcistes, comme on en trouve dans certains milieux évangéliques, qui passent leurs séances à hurler contre Satan. Il peut être tentant, pour eux, de célébrer les rituels de manière spectaculaire. Cela confère une sorte d'aura mystique. L'effet psychologique est certain, mais il est bien le seul. Ça ne m'intéresse pas du tout. Tout cela fait partie d'une mise en scène dramatisante qui n'est pas bonne pour notre ministère. Les rubriques du rituel réprouvent d'ailleurs ce genre de pratique. Je pense, comme il est dit dans les textes, qu'il vaut mieux rester discret. Plus une célébration est sobre, plus elle permet d'identifier la réalité d'une emprise maléfique. Tout dans mon action doit être sincère. Tout, dans les réactions des consultants, doit être authentique. C'est pour cela que je ne prépare jamais les visiteurs aux conséquences possibles de la célébration. Je préfère les laisser m'exprimer eux-mêmes les différents symptômes qu'ils ressentent. Dire à quelqu'un qu'il risque d'avoir envie de vomir risque de générer une envie de vomir qu'il n'aurait pas eue sans cet avertissement. Je me méfie énormément du pouvoir suggestif de certaines paroles.

Face à la lutte contre les esprits, il faut toujours avoir en tête qu'il n'y a rien de magique là-dedans. L'exorciste ne possède aucun pouvoir spécial qui lui permette de guérir seul les âmes. Je le redis : c'est Jésus qui agit. Le prêtre n'est qu'un instrument mandaté par l'Église. Il ne fait appel qu'à la grâce divine. Il n'y a qu'à travers le Christ que les forces du mal peuvent être combattues. Puisqu'il est Dieu tout-puissant, plus fort que le démon, il est le seul à pouvoir l'affaiblir puis le chasser, à libérer de son emprise. Les différentes prières célébrées ne sont que des appels au Seigneur. L'exorciste n'est qu'un serviteur. C'est pour cela que son action n'est pas amplifiée par les cris et par les grands gestes brusques. Encore moins en exerçant une violence physique sur le consultant, comme cela peut se produire dans des rituels de délivrance en dehors du christianisme. Cela, c'est uniquement de la mise en scène pour impressionner, rien de plus. Je l'affirme : les désenvoûteurs tarifés qui pensent avoir un don sont des menteurs.

La célébration de l'exorcisme ne peut pas se faire n'importe comment. Les différents ouvrages sont très clairs quant aux procédures à suivre, aux prières qui composent la liturgie. Je ne sors jamais de ce cadre. Certains exorcistes autoproclamés aiment créer des prières *ad hoc*. À mes yeux, l'action n'est légitime que si l'on respecte fidèlement les préconisations de l'Église. Le *Rituel de l'exorcisme* et les *Directives du ministère de l'exorcisme* compilent toutes les informations à respecter pour chasser les mauvais esprits. L'exorcisme ne peut, par exemple, se faire n'importe où. Il doit se dérouler dans un lieu adapté, comme un oratoire, et à l'écart de la foule. Le lieu de l'exorcisme doit toujours contenir un crucifix ainsi qu'une représentation de la Vierge Marie. Le possédé doit avoir confiance en le prêtre exorciste et dans la grâce du Seigneur. Il doit également avoir confiance en lui-même et s'investir dans le processus de sa délivrance.

On l'a vu, il existe, dans la liturgie des exorcismes, plusieurs types de prière : les prières de délivrance, auparavant appelées exorcismes mineurs, et l'exorcisme au sens strict, que l'on nommait avant exorcisme majeur. Chacun de ces deux types de prière est adapté à un cas précis, sans que l'un s'oppose à l'autre. Les deux rentrent dans une liturgie que je célèbre en fin de séance. Cette liturgie s'adapte selon les circonstances, selon les difficultés que rencontre la personne.

Elle commence toujours par ce qu'on appelle une ouverture. « *Que Dieu, source de tout bien, soit avec vous et avec votre esprit.* » Un bloc très court, qui permet d'ouvrir le temps de prière. Cette première étape sert à faire participer la personne, à entrer en contact avec le divin. Il y a ensuite la monition, qui rappelle la puissance de Dieu et son intervention dans la vie de toute personne. C'est un petit rappel doctrinal, qui a pour but de rassurer et de conforter. Ensuite, il y a toujours un texte de la Bible, de la parole de Dieu. Il faut qu'il soit bien choisi, qu'il apporte lui aussi du réconfort, et que la personne entende cette parole de Dieu. Les mots doivent permettre de se sentir aimé, de se sentir protégé, en sécurité auprès d'un Dieu infiniment bon. J'utilise souvent la même pour les temps de prière courts, la deuxième lettre de saint Paul aux Corinthiens, chapitre 1, versets 3 à 6. *« Béni soit Dieu, le père de notre Seigneur Jésus Christ, le père plein de tendresse, le Dieu de qui vient tout confort. Dans toutes nos détresses, il nous réconforte. »* Je l'aime beaucoup. Pour un temps de prière plus long, pour des personnes sérieusement malmenées, j'utilise un texte de l'Évangile parmi ceux choisis par l'Église. Après ces trois premières étapes vient la confession de foi. Je la récite systématiquement. Lorsque je reçois des personnes n'appartenant pas à ma foi, je la récite seul. Autrement j'essaie toujours de faire participer la personne. Cela peut être un *Je crois en Dieu*, le *Notre Père*, le *Je vous salue Marie* ou le *Gloire au Père*, en fonction de ce qui paraît judicieux.

Les prières qui suivent dépendent des cas que je rencontre. Pour ceux qui me paraissent bénins, je me contente de prières de délivrance et de protection, que je pioche dans le livre

Protection, délivrance, guérison[1] – on l'appelle le PDG entre nous. C'est un livre vraiment utile inspiré du *Rituel des bénédictions*, du *Rituel de l'initiation chrétienne des adultes* et du *Missel romain*, sur lequel ont travaillé le Bureau national des exorcistes et le père Maitte, sous la direction de Mgr de Kerimel. Je choisis les textes selon les circonstances, selon qu'il y a besoin de protection face à la détresse psychologique, de délivrance dans le combat spirituel contre des démons ou de guérison en cas de maladie. J'en utilise souvent plusieurs, en fonction du temps que j'estime nécessaire, et de ce que je pense bon à entendre par la personne. Les consultants qui viennent me voir ont peur. Ils se sentent attaqués, ils se sentent en danger. Ils ont l'impression de ne pas pouvoir s'en sortir seuls. Ces prières sont là pour leur offrir de la protection, mais aussi pour leur permettre de reprendre confiance en eux.

L'une de mes préférées est une prière adressée à des personnes éloignées de l'Église, ou provenant d'autres traditions. Elle fait référence à Dieu, mais pas spécifiquement à Jésus-Christ. Je l'aime beaucoup car elle est prévue pour être

1. *Protection, délivrance, guérison*, Mame-Desclée, 2017.

personnalisée. Dans le livre *Protection, délivrance, guérison*, certaines des phrases de cette prière se terminent par des points de suspension. « *Dieu, au-delà de tout créé, toi seul connais le cœur de chacun...* » J'utilise les informations que m'a données la personne, les troubles rencontrés, le nom des proches pour les associer à la prière. La prière n'a pas plus d'efficacité parce que je fais cela. C'est simplement une attention envers celui qui reçoit la prière, dans le but de le rassurer, de lui montrer que j'ai bien pris en compte ce qui le fait précisément souffrir. C'est du sur-mesure.

Les prières de délivrance, ou exorcismes mineurs, sont un ensemble de prières issues du *Rituel d'initiation chrétienne des adultes*, pour les catéchumènes qui se préparent au baptême. On trouve dedans une quinzaine de prières de délivrance. Je les récite après l'ouverture, la monition, la parole de Dieu et la confession de foi, selon les cas que je rencontre. Une prière que je trouve intéressante est le petit exorcisme de Léon XIII. « *Très glorieux prince des armées célestes, saint Michel Archange, défendez-nous dans le combat, contre les principautés et les puissances, contre les chefs de ce monde des ténèbres, contre les esprits de malice répandus dans les airs...* » Son utilisation est débattue au sein du monde des exorcistes. Contrairement aux autres prières de délivrance, qui peuvent être récitées par n'importe quel prêtre ou diacre, ce petit exorcisme est réservé à notre ministère. Seuls les prêtres exorcistes peuvent la dire. C'est une prière de l'ancien rituel, qui se trouve à mi-chemin entre les prières de délivrance et les exorcismes majeurs. Bien qu'elle ne fasse pas partie du nouveau rituel, elle reste utilisable pendant les exorcismes, comme l'intégralité de l'ancien rituel, avec l'accord de l'évêque diocésain. C'est une prière très belle, qui s'adapte à de nombreux cas.

Les exorcismes majeurs sont réservés aux cas les plus graves, aux attaques fortes du démon. Ils ne peuvent être employés que lorsque l'exorciste possède la certitude morale qu'il existe, chez le consultant, des vexations, des obsessions ou des possessions. Il est assez rare que je célèbre des exorcismes majeurs dès la première séance. La première séance est celle de l'enquête, dont j'ai parlé auparavant. Elle est l'occasion de prières plus douces, adaptées à de nombreuses situations. Il y a une gradation dans mon action. Il faut d'abord observer la réaction d'une personne à cette forme d'accompagnement.

Il existe deux grands types de prières d'exorcisme majeur : les formules déprécatives et les formules impératives. Les premières, les déprécatives, sont des appels à l'action du Christ. Je m'adresse à lui, qu'il intervienne pour chasser le démon. « *Dieu, créateur et protecteur du genre humain, regarde ton serviteur, que tu as créé à ton image, et que tu appelles à partager ta gloire : l'antique ennemi le tourmente durement, l'opprime et le perturbe terriblement. Envoie sur lui ton Esprit Saint : qu'il lui donne courage dans ses épreuves, qu'il lui apprenne à prier dans ses tribulations, qu'il le tienne sous sa puissante protection...* »

La formule impérative, elle, est un commandement direct aux démons. Je m'adresse, au nom de Jésus, aux forces du mal. « *Je t'adjure, Satan, ennemi du salut des hommes, reconnais la justice et la bonté de Dieu le Père, lui qui, par un juste jugement, a condamné ton orgueil et ta jalousie ; quitte ce serviteur de Dieu, que le Seigneur a créé à son image, qu'il a embelli de ses dons, et adopté comme enfant de sa miséricorde...* » Dans l'ancien rituel, ces formules impératives étaient les plus nombreuses. Il était très fréquent que les exorcistes s'adressent directement aux esprits maléfiques.

Dans le nouveau rituel, il est demandé à l'inverse de varier les deux sortes de prières, en commençant toujours par une prière déprécative. L'Église d'aujourd'hui considère, à raison, que le prêtre doit toujours se placer sous la grâce de Dieu avant de formuler des adresses directes aux démons. Elle souhaite que les exorcismes soient moins centrés sur le prêtre et plus orientés vers le Christ. C'est une manière de protéger les possédés, mais aussi les prêtres exorcistes d'un abus de pouvoir. Il serait grave que la personne subissant des abus soit libérée de son emprise maléfique pour tomber sous l'emprise psychologique d'un gourou.

Dans la pratique habituelle des exorcistes, le geste se joint à la parole. Le rituel propose une série de gestes à réaliser en complément de prières. Je peux effectuer des signes de croix, poser ma main par-dessus mon étole sur la tête des consultants, montrer le crucifix-médaille de saint Benoît, le mettre en contact avec la tête du consultant, voire asperger le possédé d'eau bénite. Ce sont des gestes très importants. L'Église conseille de commencer le rituel par l'aspersion d'eau bénite, pour rappeler la sainteté du baptême. Lorsque le besoin en prière est important, il peut également m'arriver de demander à des confrères ou à des consacrés de se joindre à moi sur place, ou bien de prier à distance au même moment. La communion de prière ne peut qu'aider dans le combat que nous avons à mener.

Les séances d'exorcismes – j'en ai donné quelques aperçus –, surtout lors des exorcismes majeurs, peuvent être très impressionnantes. Il faut parfois avoir le cœur bien accroché lorsque des consultants se tordent de douleur, nous insultent, crachent, vomissent juste devant nous. Ce n'est que rarement si extrême, mais cela arrive. La plupart des réactions sont plus légères. Il n'est pas rare que les exorcisés aient envie de sortir, au sens propre, quelque chose. Si je le remarque, je leur demande comment ils se sentent, très simplement, sans rien induire, parce qu'il est difficile de voir s'ils ont des maux de tête ou la tête qui tourne. Pour les nausées, j'ai toujours une petite bassine à proximité, que je tends lorsque quelqu'un est pris d'une envie de vomir ; en effet, il est dans notre intérêt à tous les deux qu'il puisse le faire, et c'est une manière de lui dire que ce n'est pas grave, que j'y suis préparé. Il y a également des gens qui bâillent fortement, qui sont pris de quintes de toux, qui ressentent des piqûres, de la chaleur, des coups de poignard. Pour moi, tout ce qui se passe durant l'exorcisme est normal. Je n'ai en revanche jamais vu de geysers de vomis pas plus que de tête qui tourne à 360 degrés ou de personne marcher comme une araignée sur les mains et les pieds, renversée sur le dos. Non pas que le démon soit incapable de produire ça. Mais il n'aurait aucun intérêt à montrer sa présence si frontalement.

Comme je l'ai dit au préalable, j'essaie au maximum de ne pas susciter d'attitudes excessives. Je préfère voir comment les consultants réagissent de manière naturelle. Le cerveau humain étant malléable, j'ai toujours la crainte que parler de frissons et de maux de tête avant mes entretiens puisse causer des frissons et des maux de tête. Je souhaite que les phénomènes qui se produisent ne soient pas une conséquence de mes actes et de mes paroles en dehors des prières. S'il y a des réactions, elles doivent venir du démon. Lors des premières séances, il doit se cacher pour que je ne le repère pas. Ses manifestations sont rares, légères, presque indécelables. Après tout, le dernier endroit où il a intérêt à faire le clown, c'est dans mon bureau. Il doit se dissimuler, faire en sorte que les possédés ne viennent pas me voir, que je ne le trouve pas chez son hôte. Parfois, il se révèle rapidement mais, la plupart du temps, il ne se manifeste qu'après plusieurs séances. Son action a pour but de me décourager ou de punir l'hôte pour avoir pris rendez-vous avec moi. À force de prière, de travail, et de l'action du Christ, il sera obligé de partir.

Ma première année d'exercice a été marquée par quelques expériences fortes. Je ne pense pas que cela était le fruit du hasard. Le démon avait intérêt à me faire peur, à tester ma foi. J'étais alors un prêtre exorciste débutant, sans véritable expérience du ministère. Lorsque ces cas se présentaient à moi, je sentais une forme de mise à l'épreuve. Il est de l'intérêt de Satan qu'un jeune exorciste soit impressionné, qu'il demande à être déchargé de ce poste.

Je me souviens de l'un des cas les plus étranges que j'aie connu. Il s'agit d'une femme assez âgée qui n'est venue me voir qu'une seule fois. Un monsieur l'avait accompagnée, qui est resté à l'extérieur, le temps de la séance. Elle venait d'assez loin, des Alpes-de-Haute-Provence. J'ai immédiatement senti quelque chose d'étrange émanant d'elle. En me racontant son parcours, elle m'a confié beaucoup souffrir. Elle était tombée dans l'occultisme à de nombreuses reprises. Elle pratiquait la magie blanche, tirait les cartes et était habituée à d'autres formes de divination. Après l'avoir écoutée, je lui ai proposé de prier avec elle. Elle n'a accepté qu'à condition de pouvoir se mettre à genoux, proche de moi. Cette requête m'a surpris. En considération de son âge et des souffrances exprimées, j'ai toutefois laissé cette vieille dame prier telle qu'elle le souhaitait.

À la fin de la séance, j'ai récité le petit exorcisme de Léon XIII. Sa tête a vite été prise de tremblements rapides, presque convulsifs. La peur se lisait sur son visage. Cela a duré quelques secondes. Puis elle s'est dressée, d'un mouvement brusque. Son expression avait totalement changé. Elle m'a alors dit : « Tu l'auras pas », en me regardant fixement, dans les yeux, avant de reprendre sa position agenouillée. J'ai continué le temps de prière en essayant de ne pas montrer mon émotion.

À la fin, je l'ai fait s'asseoir pour la questionner. Elle s'est exécutée, mais n'a plus levé la tête dans ma direction. J'ai essayé de lui faire comprendre que son cas me paraissait sérieux, qu'il faudrait que je la revoie. J'étais plein d'interrogations. M'avait-elle tout dit sur son passé ? Elle a refusé fermement mon aide et est partie avec empressement. Par la suite, mes messages sont malheureusement restés sans réponse.

D'ordinaire, je termine toujours par un débriefing, une relecture de la séance. Je prodigue des conseils simples, faciles à mettre en œuvre. Je rappelle, selon les cas, l'utilité de la prière, du jeûne, de la bénédiction du logement, de toutes les actions qui pourront continuer le combat spirituel mené dans mon bureau. C'est ce que les thérapeutes nomment la prescription de tâches, avec l'objectif que les personnes tirent un enseignement, un bon fruit de cette expérience qui est pénible. Il ne s'agit pas de simplement poser un pansement sur une plaie, et puis que les personnes oublient ce qui s'est passé. Il doit y avoir un avant et un après.

7

La communication avec le « monde psy »

L'exorcisme apparaît souvent comme un domaine ésotérique, éloigné des considérations médicales et rationnelles. Il n'en est rien. Les échanges entre les exorcistes, les psychologues et les psychiatres, au quotidien, sont nombreux. Les deux pratiques possèdent des racines communes, qui remontent au XIXe siècle, lorsque furent créés les premiers asiles de personnes aliénées. De nos jours, certains psychiatres appartiennent à une équipe diocésaine. La complémentarité des pratiques, des regards croisés, des groupes de partage et de supervision est une bonne chose. Il ne faut pas oublier qu'un temps, on parlait de la santé comme de l'« art médical », selon une vision globale de l'être humain. C'est un domaine qui a fait d'incroyables progrès au cours des deux derniers siècles, mais qui a également perdu de vue certaines considérations. La médecine est devenue trop matérialiste, trop rationaliste ; elle ne pense plus à ce qu'elle ne peut pas voir. Certains scientifiques eux-mêmes reconnaissent comment la science s'est dépossédée d'elle-même ; je pense par exemple à Aurélien Barreau, lorsqu'il dit que la science doit accepter de ne plus être la seule version correcte du réel. Il lui manque énormément de choses dans son champ de vision. En tant qu'exorciste, je m'intéresse à ce que la médecine ne peut pas voir.

Mes échanges avec des « psys » – psychiatres, psychologues et psychothérapeutes – sont faits de nombreuses discussions. Il arrive également que nous nous envoyions mutuellement des consultants. Certains me contactent lorsque leurs patients traversent des événements bizarres, sans pour autant déceler de problème de santé mentale grave. Soit le psychiatre s'estime incompétent sur le sujet, et renvoie le patient vers moi, soit il estime qu'il faut intervenir sur le domaine spirituel en plus du sien. Le plus souvent, je n'ai même pas besoin d'être en contact avec le médecin psychiatre. Il se contente de transmettre mes coordonnées à son patient en lui disant d'appeler de sa part. Dès lors, nous allons le ou la suivre tous les deux, chacun dans notre domaine, sans nécessairement échanger sur son cas. Il peut toutefois arriver que nous ayons à nous transmettre des informations, toujours avec l'accord du patient ; des petites choses, le plus souvent, et toujours pour le bien de cette personne. Il m'arrive aussi d'envoyer des consultants voir des psychiatres sans continuer à les recevoir de mon côté. Je représente souvent une porte d'entrée vers le domaine psychique et psychiatrique. Les approches psychologiques et spirituelles se complètent bien.

La libération dépend en partie du consultant. J'essaie de responsabiliser le plus possible la personne, de lui permettre de se protéger elle-même au quotidien des attaques extérieures pour aller mieux. Elle est libre de suivre ou non ce que je prodigue comme conseil. Le fait d'être acteur de sa propre guérison et de sa propre libération, de pouvoir y aller à son rythme, est une vraie aide au cheminement. La question du pardon est très importante. Pour une personne qui a subi des injustices graves, il est assez compréhensible qu'elle garde une rancune, qu'elle se sente incapable de pardonner, voire qu'elle nourrisse des désirs de vengeance.

Alors que je m'occupe de la bonne culpabilité, en lien avec un péché véritablement commis, une culpabilité qui aide à revenir vers le Seigneur, qu'il ne faut pas proscrire, le psy traite la mauvaise, celle qui est ressentie comme un poids, mais qui ne nous appartient pas. Elle est juste invalidante et nous empêche d'être heureux. Dans ce cas, un prêtre n'est pas utile : cette culpabilité-là relève de la santé psychique. Si le consultant suit les conseils que je lui donne, je suis certain que ça va aller beaucoup mieux pour lui. Ce sont des choses parfois ardues à mettre en place, mais que je recommanderais à tous ceux qui en présentent les besoins ; je dirais la même chose à ma nièce ou à mon oncle si je les recevais dans mon bureau. Je ne cherche pas simplement à faire disparaître leur problème dans l'instant. Il faut leur permettre de se sentir bien sur le long terme.

Ma pratique de l'exorcisme est influencée par le travail et par les écrits de certains psychiatres. Étant au contact de nombreuses personnes fragiles, je dois faire preuve également de psychologie. Mon action ne s'arrête pas au combat spirituel. Je souhaite accompagner les personnes vers la sérénité, la confiance, l'amour. Le démon, lui, veut l'inverse. Il souhaite que les âmes se dirigent vers la peur. Lutter contre lui, c'est également lutter contre le doute qu'il installe dans l'esprit des personnes les plus vulnérables, les plus fragilisées. Il joue beaucoup sur les émotions.

Je me suis intéressé à Frank Farrelly et à sa méthode de la thérapie provocatrice. Ce psychologue américain aimait utiliser des recadrages, en maniant l'humour, pour sortir les patients du repli sur eux-mêmes. À partir du moment où il avait établi un contact fort avec le patient, qu'il avait posé un lien puissant de confiance, qu'il sentait chez lui un sentiment de sécurité et une grande bonté, il utilisait ponctuellement certaines formes de provocation pour l'aider à changer rapidement son comportement. Je pense par exemple à un trait d'humour un peu absurde. Il avait une technique qui ne demandait rien d'autre qu'une boîte de mouchoirs. Lorsqu'un patient laissait sortir ses émotions, comme tout thérapeute, Frank Farrelly lui tendait un mouchoir. Quand celui-ci avait essuyé ses larmes, il lui tendait un nouveau mouchoir. Puis, quelques secondes plus tard, un troisième mouchoir, puis un quatrième, un cinquième, jusqu'à ce que la personne rie de l'absurde de la situation. C'est un humour qui peut être trash, d'où l'intérêt d'établir un bon rapport avec le patient. Le but est de provoquer un choc, de sortir les personnes souffrantes de ce qui les paralyse, de ce qui les lie à leur douleur.

Cette méthode, je l'utilise parfois, d'une manière plus douce quand même. Cela peut être lorsqu'une personne traverse une phase de déprime, notamment. L'humour permet de ramener les consultants à la réalité de leur souffrance, de les sortir de la perception amplifiée qu'ils en ont. De nombreuses personnes qui viennent me consulter me disent que tout va mal ou que rien ne va. Je leur fais alors lister tout ce qui va mal chez elles. Quand la liste des sujets douloureux est épuisée, je continue à les questionner, à leur demander si telle ou telle chose va mal, alors que je sais que non. Passé les sujets principaux, elles me répondent que ces sujets vont bien. Je ne m'arrête pas. Je continue, en ciblant des sujets sur lesquels je m'attends à avoir une réponse favorable. Même face à des personnes qui affirment que rien ne va, on finit toujours par trouver du positif dans leur vie. Le fait de lister des sujets sur lesquels tout va bien finit toujours par les émouvoir, par les faire rire, par les rassurer.

La méthode de recadrage a été très utilisée par John Grinder et Richard Bandler, les co-inventeurs de la programmation neurolinguistique. C'est, en un sens, assez proche de ce que fait Frank Farrelly, puisqu'il s'agit de permettre à la personne souffrante de revenir vers une plus juste vision d'elle-même. Certaines personnes ont tendance à dire des paroles qui les enferment. C'est le cas de ce « Tout va mal », mais aussi de beaucoup de petites phrases qu'elles prononcent sans même réfléchir à leur sens. J'entends beaucoup de gens me dire : « Je suis tout le temps comme ça. » Si je prends au mot cette phrase, cela veut dire qu'ils sont tels qu'ils prétendent être vingt-quatre heures sur vingt-quatre. Le but de ces outils est d'aider les personnes souffrantes à adopter de nouveaux points de vue sur leur situation. Ce sont des choses qu'elles ne feraient pas spontanément. C'est pourquoi je suis là pour les y aider. Dans le jargon religieux, ces paroles négatives s'apparentent à des paroles de malédiction. Elles ont un effet concret sur le réel, qu'il faut savoir déjouer.

Milton Erickson fait également partie de mes références. Ce psychiatre, qui a exercé une influence majeure sur John Grinder et Richard Bandler, utilisait lui aussi des techniques expérimentales. L'une de ces techniques se nomme la prescription du symptôme. Il s'agit de demander à une personne de reproduire volontairement l'action dont elle dit tout le temps souffrir. L'idée est de pouvoir reprendre la maîtrise de situations sur lesquelles les patients pensent ne plus avoir de contrôle. Par exemple, à une personne affirmant avoir tout le temps envie de se gratter, Milton Erickson pouvait prescrire de se gratter à heures fixes. Ou, à une personne trop scrupuleuse au sujet de la propreté, demander de se réveiller toutes les nuits à la même heure pour faire le ménage. Au bout de trois ou quatre fois, il est plus que probable que la personne éteigne son réveil et qu'elle préfère profiter de sa nuit plutôt que de faire le ménage, quand bien même elle est obsédée par celui-ci. Cela peut être très utile dans mon ministère. Il m'arrive de rencontrer des personnes obsédées par les chiffres. Elles voient le nombre de la Bête partout, le fameux 666. Pour elles, c'est clair, il s'agit du signe de leur possession. Je peux par exemple leur proposer de regarder tous les jours, à une heure donnée, si elles voient autour d'elles ce chiffre apparaître. Elles seront alors bien forcées de voir que ce chiffre n'apparaît pas toujours autour d'elles, contrairement à ce qu'elles prétendent. Une fois que j'ai amené la personne à comprendre que son état mental joue beaucoup dans son malheur, il est plus facile de lui conseiller d'aller voir un psychologue ou un psychiatre, ou au moins de travailler sur cette idée.

Je trouve également inspirante l'école de Palo Alto. Paul Watzlawick fait partie de ces psychologues qui ont travaillé sur la communication, comme Virginia Satir ou Fritz Perls, les fondateurs respectifs de la thérapie familiale systémique et de la Gestalt thérapie. Ils ont développé de nouvelles méthodes psychothérapeutiques, que je trouve très utiles et efficaces. Watzlawick est resté célèbre pour la phrase : « On ne peut pas ne pas communiquer. » L'idée, c'est que l'on est toujours en train d'envoyer des messages, quoi que l'on fasse. Les personnes qui viennent me voir en disent bien plus qu'elles ne le croient, souvent sans même le savoir. Mon métier, en tant qu'exorciste, c'est aussi d'écouter cela. Si j'identifie des messages qu'elles m'envoient inconsciemment, je peux mieux les connaître, et donc espérer mieux les aider.

Je ne suis pas psychothérapeute, mais je pense nécessaire pour un exorciste de connaître les bases de la psychologie, et plus particulièrement en psychopathologie. Cela me permet de comprendre davantage, et plus rapidement. Je ne dispose que de quinze minutes à la cathédrale de Toulon, et d'une heure à La Castille. C'est très peu pour écouter toutes les souffrances qui me sont racontées. Il faut vite aller à l'essentiel. Je dois me reposer sur l'action divine pour les cas les plus graves d'influence ou de possession démoniaque, mais aussi identifier sommairement les souffrances psychologiques pour rediriger les consultants vers qui de droit. Dans les différentes dimensions de l'être, il n'y a pas de cloison étanche. Bien-être psychique, bien-être physique et bien-être spirituel sont liés. Il faut parfois travailler les trois conjointement pour aider les personnes en détresse à s'en sortir.

8

L'occultisme

Je rencontre tous les jours un nombre élevé de personnes tombées dans l'occultisme sans même le savoir. Il s'agit le plus souvent de personnes fragiles, que des discours miraculeux ont pu séduire. Bien souvent, elles ne savent pas trop où elles mettent les pieds. Elles se retrouvent au contact de pratiques occultes sans jamais que ce mot soit prononcé.

Ces dernières décennies, les pratiques occultes ont connu un fort essor, porté par une mode des médecines alternatives et des nouvelles spiritualités. Ces différentes pratiques assemblent des croyances très diverses, inspirées par le New Age, les religions orientales telles que fantasmées par l'Occident, et les religions européennes préchrétiennes réinventées par certaines personnes plus ou moins sincères. Tout cela s'amalgame dans un grand fourre-tout idéologique combinant bouddhisme, développement personnel, chamanisme, médecines douces diverses et tout autre mode de pensée en vogue. Le féminisme, l'animalisme, l'écologie ou la naturopathie peuvent parfois être brandis pour couvrir tout ça. Les pensées les plus nobles finissent par servir d'écran aux pratiques les plus sales. Les coachs de vie deviennent rapidement des « passeurs d'âmes », les thérapeutes alternatifs, des guérisseurs. Ces spiritualités n'ont aucun véritable cadre, aucun véritable dogme. Chacun y fait un peu ce qu'il veut, en piochant de-ci, de-là ce qui l'arrange. Bien sûr, il n'est pas question de diaboliser tout et n'importe quoi. Le yoga, le qi gong, le tai-chi-chuan, la méditation de pleine conscience, peuvent avoir de vrais bénéfices pour la santé mentale et physique. Ce qui m'inquiète, ce sont les risques d'emprise, de maltraitance spirituelle. Je crains les portes qui sont ouvertes aux mauvais esprits. Ensuite, je me retrouve à devoir les chasser. Ce n'est pourtant pas nouveau. L'Ancien Testament condamnait les pratiques divinatoires ou magiques (Dt 18, 10 ; Jr 29, 8). En quatre mille ans d'histoire, peu de choses ont changé à ce sujet.

L'une des difficultés, avec l'occultisme, vient de la mauvaise définition que la population en a.

Le mot « occultisme » n'est jamais plaisant. Il n'est jamais employé pour qualifier les pratiques qui paraissent favorables à qui y recourt. Pourtant, il définit de nombreuses pratiques perçues comme positives, telles que la magie blanche. Dans les salons autour du bien-être, de nombreux exposants tombent dans l'occultisme souvent sans même le savoir. Leurs pratiques, parce qu'elles apportent un apaisement immédiat, sont jugées bénéfiques, quand bien même elles ouvrent une porte au démon. Elles ont pour but d'exercer une influence. Derrière le positif, l'emprise maléfique se met en place. Le démon est quelqu'un qui peut faire un peu de bien pour faire beaucoup de mal ensuite. Invoquer des esprits, pratiquer le reiki, le magnétisme ou le pendule peut être autant de voies d'accès pour le Malin, qui a suscité ce genre de démarches occultes et les a inspirées. Ces pratiques attirent les démons : ils peuvent s'approcher de nous, tisser ainsi un lien spirituel.

En tant que prêtre exorciste, j'ai constaté à quel point ces pratiques sont répandues chez les personnes qui viennent me voir. Ces dernières années, l'idée selon laquelle il puisse exister une bonne magie s'est renforcée et les plus jeunes constituent un important vivier pour cette pratique, par exemple en s'intéressant au tarot ou au reiki, qui ont le vent en poupe. Ces jeunes ont aussi facilement accès à des rituels de sorcellerie très dangereux. Aucune de ces pratiques n'est anodine. Toutes peuvent convoquer des esprits maléfiques, dont il est ensuite très difficile de se débarrasser.

Durant mes rendez-vous, il est parfois difficile d'obtenir la vérité sur les pratiques occultes auxquelles se sont livrées les personnes sous influence. Elles ne pensent pas à me parler de leurs expériences de sciences occultes, ou bien elles les cachent de peur d'être jugées. Le spiritisme, par exemple, est une forme particulière d'occultisme parfois pratiquée dans les cercles familiaux ou amicaux. Beaucoup des personnes passant par mon bureau ont un jour ou l'autre cherché à communiquer avec des défunts, mais il est très délicat de les questionner à ce sujet. Elles deviennent hésitantes, se montrent évasives. Je sais que cela peut cacher une pratique occulte qu'elles n'assument pas face à moi. Il faut donc redoubler d'attention et de délicatesse pour obtenir le récit complet des sciences occultes pratiquées. C'est l'occasion de faire un peu de pédagogie. Nous autres prêtres exorcistes avons aussi pour mission d'alerter sur les dangers des sciences occultes. Pour certains consultants, ils n'entendent cela que chez nous.

Pour lutter contre l'occultisme et l'ésotérisme, la première chose à faire est de les définir convenablement. Il faut que les personnes qui s'y frottent sans le savoir sachent avec quoi elles sont en contact. L'ésotérisme se retrouve dans toutes les cultures. Il s'agit d'une connaissance cachée, la gnose, à laquelle on accède par une initiation progressive. Une de ses formes contemporaines, le New Age, qui mélange un peu tout et n'importe quoi, propose des solutions faciles pour aller mieux. On reste, en apparence, dans le registre du bien-être, court-termiste, alors que l'on a ouvert des portes dans l'occultisme. Le risque est grand de se mettre en danger.

L'occultisme, quant à lui, est la pratique des sciences secrètes, plus ou moins bornées par des croyances ésotériques. Il possède deux facettes : d'un côté, la divination, qui permet de connaître des choses cachées. Cela concerne par exemple toutes les pseudosciences visant à connaître l'avenir. Pour obtenir ces informations, il faut passer par des procédés divers, comme la voyance, qui vont mettre celui qui s'y prête en contact avec des forces occultes. Ce sont ces entités-là qui vont donner les informations recherchées, ou faire semblant de donner les informations recherchées. C'est la matière avec laquelle elles attirent à elles des millions de personnes, qui ne se rendent pas compte de ce avec quoi elles jouent.

Je ne suis pas du genre à penser que tout cela est du vent. Les informations reçues par le biais de l'occultisme peuvent être vraies pour certaines d'entre elles. Les entités cachées derrière l'occultisme ont tout intérêt à dire quelques vérités pour continuer à attirer des personnes à elles. Si ce qu'elles donnaient comme informations était systématiquement faux, cela ferait longtemps que plus personne ne se tournerait vers ces sciences occultes. Si, pour ce qui touche au futur, le démon ne peut que mentir, car Dieu seul connaît l'avenir, il peut se servir de sa connaissance parfaite du passé et du présent pour donner les informations recherchées. C'est ainsi que des voyants ou des médiums peuvent nous révéler des éléments que seuls nous connaissons, qui concernent notre intimité. Les modes d'accès à la divination sont légion. Il existe mille moyens de divination, déclinables à l'infini dans le temps et dans l'espace selon les cultures et les folklores : la médiumnité, le spiritisme, les cartes, le ouija, le pendule, l'astrologie, etc.

La deuxième facette de l'occultisme, c'est la magie qui propose d'exercer une influence sur le réel, alors que la divination nous offre l'accès à une connaissance cachée. Le langage populaire distingue magie blanche, magie amoureuse et magie noire. Les deux premières sont souvent jugées bonnes, notamment la magie blanche, qui vise à soulager ou à guérir. C'est la raison pour laquelle cette dernière est très présente dans le monde de la santé et du bien-être, à travers les magnétiseurs, les coupeurs de feu, les énergéticiens, tandis que la magie noire est perçue comme dangereuse. Pourtant, il n'y a rien d'anodin à toutes ces pratiques. La magie amoureuse est une manipulation, il s'agit d'une contrainte dont la victime n'est pas consciente. Il y a un côté qui s'apparente à la soumission chimique. Faire en sorte qu'une personne tombe amoureuse artificiellement, ce n'est pas respecter son consentement.

Dans la magie blanche, le but est bon, mais le moyen mauvais. Il s'agit de rituels de magie pour appeler le démon, le convoquer. C'est une sorte de contre-sacrement, pour que le démon produise un effet. Les magiciens et magiciennes sont les premières victimes de la duperie. Bien souvent, ils se croient en possession de dons, quand bien même ils ne sont que des marionnettes des forces du mal.

Bien comprendre la nature du problème dans l'occultisme est essentiel. Il ne s'agit pas de diaboliser inutilement certaines pratiques, mais plutôt de voir où et comment le diable peut s'y cacher. Il y a des choses que l'on connaît bien. Contacter des défunts pour communiquer avec eux, à travers le spiritisme ou le channeling, est extrêmement dangereux. Ce ne sera jamais un défunt qui communiquera un message, mais un démon se faisant passer pour un défunt. La ligne téléphonique avec les morts n'existe pas. Il ne faut jamais oublier que les forces maléfiques se servent de nos peurs pour entrer dans nos vies. Leur action n'est jamais uniquement bonne ou mauvaise. Personne n'aurait intérêt à essayer le spiritisme si cette pratique était trop dangereuse, ou au contraire sans résultat. C'est un peu comme la pêche à la ligne. Si je n'ai qu'un bâton, une ficelle et un hameçon, même le poisson le plus maladroit ou naïf ne va pas mordre. Il faut mettre un appât, quelque chose de positif, qui donne envie, qui va attirer les personnes en quête d'informations ou d'effets sur le monde. C'est ainsi que le démon ferre les âmes, qu'il les manipule, qu'il les affaiblit. Cela ne peut se faire que progressivement. Il a besoin que les personnes entrent de plus en plus souvent en contact avec lui, qu'elles soient de plus en plus sous emprise, qu'elles s'éloignent de Dieu. Jouer sur ses émotions, la tristesse, la colère, la honte est le meilleur moyen de parvenir à cela. C'est ainsi que les personnes que je reçois se retrouvent à prendre de plus en plus de mauvaises décisions, et cèdent progressivement au découragement, voire au désespoir. Le démon ne souhaite rien d'autre que de voir des âmes rejoindre l'enfer pour l'éternité. C'est pour lui une forme de victoire que les âmes soient damnées plutôt que sauvées.

L'occultisme, ces dernières années, a conquis de nombreux nouveaux paysages. Il a connu un essor terrifiant dans les structures publiques, laïques. C'est devenu un problème de santé collective latent. Les institutions républicaines sont envahies par les dérives sectaires diverses et variées, comme le reiki, par exemple, ou encore les coupeurs de feu. À l'hôpital, dans les établissements scolaires, les praticiens en tout genre, dont on ne sait pas trop quelles règles encadrent leur pratique, prétendent aider les personnes qui souffrent. Il n'y a pas assez de garde-fou. Évidemment, les patients voient les résultats que donnent ces pratiques. Encore une fois, le démon a tout intérêt à ce qu'il y ait un effet à court terme. Les malades ne se doutent pas de tout ce qui se cache derrière. On l'a vu, certains tombent dans l'occultisme sans même le savoir, sans même savoir ce que le mot « occultisme » signifie. Pour eux, comme pour les membres de l'hôpital public, le monde invisible n'existe pas. Dès lors, comment pourraient-ils s'en protéger ?

Ce problème se retrouve partout, y compris dans la psychiatrie. Je le constate tous les jours dans mon bureau. Les croyants qui ont des problèmes de santé mentale sont amenés à parler de choses religieuses. C'est parfois très mal perçu par les personnels de santé, qui n'y croient pas du tout. Ils ne verront cela que comme des bouffées mystiques délirantes. Ces patients-là n'ont personne avec qui parler, hormis nous. À l'hôpital psychiatrique, ils ne peuvent recevoir qu'une partie des soins qui leur sont nécessaires. Dans les cas où il s'agit véritablement de bouffées délirantes, nous pourrions agir, en accompagnant la croyance des malades pour les en faire sortir avec douceur ; et dans les cas où les patients me sembleraient effectivement possédés, je pourrais accompagner leurs traitements par un exorcisme. Il ne faut pas être trop dogmatique face à tout ce qui ne peut être observé à l'œil nu. Le monde de la psychiatrie gagnerait à s'ouvrir davantage à nos pratiques. Tout le monde en sortirait enrichi.

Lutter contre l'occultisme est un travail long et fastidieux. Il demande de détricoter tout ce qui a pu être mélangé, amalgamé, dans le but de tromper. La lutte des autorités contre les emprises financières et morales doit être doublée d'une lutte des exorcistes et de toute l'Église contre ceux qui profitent de la crédulité des gens. Nous devons lutter contre les gourous d'aujourd'hui et de demain, qui pullulent sur Internet et dans les salons de bien-être. Ce n'est qu'à ce prix que, dans le combat spirituel que chacun doit mener pour trouver son bonheur, l'on pourra sortir vainqueur.

9

Les charlatans

Le prêtre exorciste est bien souvent le dernier professionnel que les personnes en souffrance viennent rencontrer. Avant cela, leur route est parsemée de nombreux praticiens pas forcément honnêtes, qui, pour certains, tirent parti de leur détresse pour se rémunérer.

Les méthodes de ces praticiens sont plus ou moins rodées et plus ou moins légitimes. Ils promettent généralement monts et merveilles aux personnes en difficulté. C'est ainsi qu'ils justifient la tarification de leurs pratiques. Ils agissent sans grand discernement par rapport aux esprits maléfiques, ni cadre pour se protéger face à eux. Leur action n'est pas des plus nettes. Contrairement à nous, prêtres exorcistes, ils ont tout intérêt à voir le mal partout. Tandis que nous cherchons à évaluer correctement l'état de la personne que l'on reçoit, ils se doivent au contraire de la convaincre qu'elle traverse des épreuves épouvantables derrière lesquelles se cache l'œuvre du Malin, et que sa situation ne va faire qu'empirer si elle n'agit pas rapidement. Une fois celle-ci convaincue par le discours, il ne leur reste plus qu'à lui proposer leurs services. Tous ne sont pas malhonnêtes, mais tous sont aveuglés par leur envie de faire des miracles. Ce sont des personnes qui profitent, volontairement ou non, du malheur des gens.

Le vocabulaire qu'emploient ces faiseurs de miracles n'est pas neutre. À l'image de tous les praticiens baignant dans l'occultisme, ils parlent de « nettoyage », de « purification », de « rééquilibrage énergétique ». Des choses anodines, incolores et inodores, qui effraient moins que notre vocabulaire d'exorcistes ou que celui des médecins. « Harmonisation des chakras » est plus doux à l'oreille de certains que « psychothérapie ». Les personnes en difficulté ont pourtant plus à gagner à voir un psychologue qu'un énergéticien.

Ces praticiens alternatifs sont malheureusement très nombreux – bien plus nombreux que les prêtres exorcistes. Ils se font de la publicité un peu partout, ils ont des stands dans les salons de bien-être. Ce sont des personnes que l'on peut rencontrer facilement, qui sont rassurantes dans leur manière de communiquer. Elles mettent en avant une quête de bien-être teintée de spiritualité. La pratique moderne du yoga est symptomatique de cela. Elle n'a que peu à voir avec le yoga traditionnel. Elle a été inventée dans les années 1920, et s'est propagée autour de gourous aux États-Unis. C'est une version expurgée de sa spiritualité, de toutes les contraintes liées à la pratique de l'hindouisme. Certains guides spirituels ont outrepassé leurs prérogatives premières, et continuent encore de le faire autour du bien-être, du yoga et de toutes ces pratiques. Les gens en souffrance rencontrent facilement ce genre de professionnels lorsqu'ils cherchent à s'en sortir. Cela conduit, dans la plupart des cas, à aggraver leur souffrance.

Il existe, bien entendu, un risque fort d'emprise avec ces pratiques-là. Les associations et autres organisations luttant contre les dérives sectaires s'intéressent aux abus, qu'ils soient financiers ou qu'ils menacent les libertés individuelles. La plus connue est la Miviludes, la Mission interministérielle de vigilance et de lutte contre les dérives sectaires, qui dépend du ministère de l'Intérieur. Les membres de cette mission cherchent à déceler un exercice illégal de la médecine, une escroquerie financière, une emprise psychologique.

J'ai reçu des personnes qui avaient été dupées. Je pense à deux sœurs de Draguignan, à qui il a été demandé 400 euros pour purifier un logement où était prétendument bloquée l'âme de leur défunte mère. Pour motiver ces deux sœurs, cette sorcière, qui se présente comme énergéticienne, les avait assurées de sa compétence, leur avait dit qu'elle ferait passer leur mère dans la lumière, en insistant sur la souffrance de leur mère et sur l'urgence de la situation. Ce n'est là ni plus ni moins que du chantage affectif, contre lequel il est important d'aider du mieux que nous le pouvons la Miviludes. Dans l'Église, on propose notre service gratuitement, en étant vraiment placés sous la protection du Seigneur.

L'argent et l'emprise sont un des problèmes, mais ce n'est pas le seul. Des escrocs, bien sûr, il y en a parmi toutes ces personnes qui se proclament exorcistes, guérisseurs, passeurs d'âmes et bien d'autres choses encore. Je me demande souvent quelle est la part de mensonge dans tout ça. La plupart ont effectivement une formation en kinésithérapie, en ostéopathie ou en pratiques psychocorporelles. À côté de cela, elles possèdent d'autres outils occultes, le reiki, le pendule. Elles font face, avec ces médecines alternatives occultes, à des personnes fragiles, rendues crédules par leur désespoir. Celles-ci sont prêtes à des sacrifices financiers importants pour aller mieux. La justice peut, par exemple, sévir auprès des escrocs si ceux-ci enfreignent la loi. C'est l'objet de la Miviludes, qui mène une action indispensable. Le travail de ses membres fait beaucoup de bien en identifiant les charlatans. Pour autant, ils ne rentrent pas dans les considérations qui m'intéressent. Le monde invisible, l'occultisme, cela n'a aucune signification pour eux. Ils s'assurent qu'aucune personne ne mente à ses clients, qu'aucun praticien ne vole de l'argent, qu'aucun professionnel n'adresse de promesses qui ne puissent être tenues, qu'ils ne prodiguent pas des soins nocifs. Selon la Miviludes, 40 % des signalements concernent le milieu de la santé et du bien-être. Fort heureusement, ces praticiens finissent le plus souvent par tomber, généralement pour des questions d'argent, parce qu'ils ne payent pas leurs impôts, ou, malheureusement, pour des histoires de mœurs. Mais il n'arrive jamais qu'ils aient été obligés de cesser leur activité parce qu'ils mettent des idées farfelues dans la tête des gens. C'est pourtant l'un des plus grands torts qu'ils causent.

Pour moi, bien entendu, les gens qui me paraissent dangereux ne sont pas uniquement ceux qui volent de l'argent ou qui mentent. Ce sont ceux qui exercent l'occultisme. Si une personne ne va pas bien, qu'elle est sous influence démoniaque et qu'elle va voir un soi-disant exorciste, sa situation peut empirer, comme une surinfection. Et cela, indépendamment de l'aspect financier qui concerne la Miviludes.

En tant que prêtre exorciste, je ne me place pas du tout au même niveau que les organismes luttant contre l'emprise. Ce qui m'intéresse, c'est le cadre dans lequel ils travaillent. Un certain nombre de ces pseudo-exorcistes, j'en suis convaincu, se pensent sincères dans leurs pratiques. Ce sont des personnes qui profitent du malheur des autres, puisqu'en général, ils demandent de l'argent, parfois beaucoup. Mais ce sont également des personnes qui ne se rendent pas du tout compte du mal qu'elles font. Il y a d'authentiques escrocs, mais aussi une grande part de naïveté. Elles sont convaincues d'avoir reçu un don. Certains guérisseurs amateurs, par exemple, pratiquent la magie, dans leur famille, auprès de leurs proches, en pensant faire le bien. Ils ont observé un certain nombre d'effets positifs et reçoivent de la gratitude en retour de la part de personnes heureuses des soins prodiguées.

L'Église elle-même est la proie de ces charlatans. Il existe, en France, de nombreuses personnes se faisant passer pour des exorcistes. Certains se disent prêtres de l'Église catholique sans l'être, ou bien appartiennent à des sectes pseudo-chrétiennes, comme l'Église vieille-catholique ou l'Église gallicane. Ces personnes ne sont pas des cas isolés. Il en existe dans tous les diocèses de France. Pour moi, ils trompent leur public, puisqu'ils donnent l'illusion d'être mandatés par l'Église comme exorcistes. L'un des problèmes de l'Église, dans sa lutte contre ces mauvais praticiens, réside dans une faille que ces derniers savent très bien exploiter. En effet, tant que les exorcistes non catholiques ne prétendent pas ouvertement être des prêtres appartenant à l'Église catholique, ils ne sont pas considérés comme des trompeurs aux yeux de la loi et de l'Église. Il leur suffit de se présenter comme chrétiens, ou membres d'Églises alternatives, pour être dans les clous. Or, quelqu'un qui ne connaît pas assez bien l'Église va pouvoir croire qu'il s'agit du culte officiel. Ce sont pourtant des sectes, tout comme les Églises mentionnées précédemment.

Certains utilisent les prières d'exorcisme de l'Église catholique en se débrouillant pour obtenir les livres de prière, quand d'autres inventent leurs propres rituels. Dans ce cas, ils tombent dans une forme d'occultisme, de magie, avec un habillage chrétien qui peut donner le change. Cela donne une impression de sérieux, induit la confiance. De loin, leurs officines ressemblent aux nôtres. Une photo de Mère Teresa ou de Padre Pio, comme j'en possède dans mon bureau, leur permet de créer un univers rassurant. Pour les personnes d'origine chrétienne, ce sont des figures qui inspirent la confiance. La preuve, moi-même, j'en ai autour de moi. Certains de ces exorcistes portent même la soutane. Pour le grand public, il est très difficile de différencier nos pratiques.

Ces praticiens existent en nombre et parfois sont aussi très populaires. Certains sont plus connus que les prêtres exorcistes d'un diocèse. Dans ma région, par exemple, il y en a plusieurs. À Saint-Laurent-du-Var réside un homme qui affirme être prêtre et qui porte la soutane. C'est une personne médiatisée, facile d'accès. Il est connu pour avoir écrit un livre sur l'exorcisme. Cela lui a valu une jolie exposition médiatique. C'est désormais l'un des exorcistes les plus célèbres de France. Ses exorcismes mélangent des rituels propres à l'Église catholique ainsi que d'autres de sa création, à ce que l'on m'a dit. Pour ces faux exorcistes, trouver les livres de référence est un enjeu. Beaucoup essayent de mettre la main sur les livres liturgiques, comme le rituel romain. Pour lui comme pour les autres, l'exorcisme est un business. On m'a dit que son tarif moyen horaire était de 70 euros. L'exorciste mandaté par l'Église dans le diocèse de Nice est bien obligé de cohabiter avec lui. Il en appelle au discernement de ceux qui s'adressent à lui. Malheureusement, il n'y a pas grand-chose de plus à faire car cet homme ne fait rien d'illégal.

En plus de ces faux exorcistes, certaines communautés indépendantes monnaient également leurs services. Personne ne sait trop ce qu'il s'y passe. Contrairement aux faux exorcistes, ce sont des personnes discrètes, qui se placent à l'abri des regards et évitent tant que possible de faire des vagues. Il existe ainsi une communauté à La Mure, près de Grenoble. La Mure est un petit village, mais c'est aussi le village natal de saint Pierre-Julien Eymard, un prêtre fervent adorateur de l'Eucharistie et fondateur de la congrégation du Saint-Sacrement en 1856. Cela leur confère une certaine aura. Chez eux, la simple bénédiction d'une médaille de saint Benoît coûte 50 euros. Un exorcisme majeur, auprès de la secte chrétienne qui s'est lancée dans le village, peut monter à jusqu'à 2 500 euros. Comme ils ne possèdent que peu de fidèles, il leur est impossible d'avoir un denier du culte. Marchander les services d'exorcisme leur permet ainsi de vivre. Preuve de leur discrétion, je ne les connaissais même pas à l'époque où je résidais en Isère. C'est une petite secte familiale, dirigée par une femme et son compagnon, et peut-être d'autres membres de leur famille. Je n'ai jamais pu être en contact direct avec eux. J'ai appris à les connaître ici, après qu'une dame m'a raconté être allée les voir. De tous les exorcistes autoproclamés dont j'ai entendu parler, je pense que ce sont eux qui demandent le plus d'argent. Malheureusement, l'Église ne peut pas poursuivre les personnes jouant sur les appellations. Elle n'a que très peu de vue sur ces phénomènes qui demeurent dans son angle mort. Il faudrait que des actions soient mises en place pour saisir l'ampleur du phénomène. Un audit pourrait être mené, pour faire l'état des lieux : savoir qui sont ces gens qui se prétendent désenvoûteurs, ce qui se passe chez eux, quelles sont leurs pratiques.

Plusieurs exorcistes m'ont fait part de leur curiosité à l'égard de ces personnes, ne serait-ce que pour accompagner les fidèles qui peuvent être tentés. Des mises en garde en interne pourraient être faites, pour apporter un peu de lumière sur le phénomène. L'Église pourrait aussi chercher à rendre plus visible le travail des exorcistes. Proposer des services gratuits et facilement accessibles constitue le meilleur rempart contre ces pratiques profanes : les sectes et les faux exorcistes prospèrent aussi à cause du mystère entourant l'exorcisme au sein de l'Église catholique. Les autorités ecclésiastiques, malheureusement, ne s'en rendent pas toujours compte. C'est pour cela que je me bats afin que notre ministère soit plus connu. Il s'agit, pour les fidèles, de la garantie de se voir proposer un service honnête, respectueux des rituels et désintéressé.

Finalement, par ma position, je fais partie des membres de l'Église qui sont le plus en contact avec les gens qui vont voir ces praticiens. Certains, malheureusement, viennent me trouver après avoir consulté l'un d'eux, parfois après avoir payé cher pour des entrevues qui n'ont en rien réglé leurs problèmes. Les prêtres exorcistes se doivent d'aimer ces personnes, d'être pleins de compassion et de bienveillance.

10

L'exorcisme dans la tradition chrétienne

L'exorcisme a toujours été pratiqué au sein de l'Église catholique. Jésus lui-même nous a donné l'exemple en chassant le démon à de nombreuses reprises dans l'Évangile. Il nous permet de retracer la manière dont il effectuait cette tâche, et l'importance qu'elle revêtait dans son parcours. Fils de Dieu et fils de l'Homme, le Christ a combattu le mal sous toutes ses formes lors de son passage sur Terre.

Dans leur récit des trois années passées par Jésus à parcourir les terres de Judée, de Samarie et de Galilée, les évangiles ont bien distingué chez le diable son action ordinaire de son action extraordinaire. La première, l'action ordinaire, concerne la tentation. Le diable cherche à nous détourner de Dieu pour nous faire commettre des péchés. Jésus lui-même fut mis à l'épreuve, lorsqu'il fut tenté pendant quarante jours dans le désert. C'est toutefois la seconde, l'action extraordinaire, qui nous importe ici. C'est contre celle-ci que le Christ a apporté son aide aux hommes et aux femmes fortement attaqués par les mauvais esprits. C'est l'exorcisme au sens strict. De multiples cas sont référencés dans les Évangiles. Par exemple, dans l'Évangile selon saint Luc, Jésus lui-même parle d'expulser le démon et d'effectuer des guérisons pendant plusieurs jours : *« Quelques pharisiens s'approchèrent de Jésus pour lui dire : "Pars, va-t'en d'ici : Hérode veut te tuer." Il leur répliqua : "Allez dire à ce renard : voici que j'expulse les démons et je fais des guérisons aujourd'hui et demain, et, le troisième jour, j'arrive au terme." »* (Luc 13, 31-32) On peut aussi citer la libération du possédé dans la synagogue de Capharnaüm, la libération du possédé dans les territoires des Gadaréniens, la libération du jeune fou, la libération de la fille de la Cananéenne, la libération et la guérison d'un possédé sourd et muet ou encore la libération et la guérison d'une femme hémorroïsse depuis douze ans.

Voici, par exemple, ce que dit l'évangile selon saint Marc sur le premier de ces épisodes : *« Ils pénètrent à Capharnaüm. Et aussitôt, le jour du sabbat, étant entré dans la synagogue, [Jésus] enseignait.*

Et ils étaient frappés de son enseignement, car il les enseignait comme ayant autorité, et non pas comme les scribes. Et aussitôt il y avait dans leur synagogue un homme possédé d'un esprit impur, qui cria en disant : "Que nous veux-tu, Jésus le Nazaréen ? Es-tu venu pour nous perdre ? Je sais qui tu es : le Saint de Dieu." Et Jésus le menaça en disant : "Tais-toi et sors de lui." Et, le secouant violemment, l'esprit impur cria d'une voix forte et sortit de lui. Et ils furent tous effrayés, de sorte qu'ils se demandaient entre eux : "Qu'est-ce cela ? Un enseignement nouveau, donné d'autorité ! Même aux esprits impurs, il commande et ils lui obéissent !" Et sa renommée se répandit aussitôt partout, dans la région de Galilée. » (Mc 1, 21-28)

Si Jésus est évidemment la référence ultime de tout exorciste, il convient de signaler que certaines personnes exerçaient ce ministère en marge de la communauté chrétienne naissante. Ainsi, les apôtres ont été surpris de rencontrer des Juifs chassant les démons. Les textes montrent qu'ils se questionnent sur la manière de se comporter. Pour eux, seul Jésus pouvait chasser les démons. Ce ministère ne pouvait être exécuté par personne d'autre. Alors, Jésus lui-même les rassure en leur demandant de laisser faire. C'est une idée que j'aime beaucoup, d'accepter qu'il puisse y avoir des choses positives en dehors des frontières visibles de l'Église catholique. « Qui n'est pas contre nous est pour nous », affirmait le Christ (Mc 9, 40). Jean-Paul II ira même jusqu'à dire que « chaque prière authentique est suscitée par l'Esprit Saint, mystérieusement proche de chaque homme[1] ». Le plus important reste de chasser le démon. C'est ainsi que les apôtres se sont eux aussi mis à exercer ce ministère, avec plus ou moins de succès, comme on peut le lire dans les évangiles. Dans la vie qu'ils mènent, ou dans les actes qu'ils prodiguent, les apôtres ont perpétué l'action du Christ. Ils ont consolidé ce ministère. Les premiers évêques, ordonnés par les apôtres, sont ainsi devenus leurs successeurs. C'est pourquoi le premier exorciste de chaque diocèse reste son évêque.

À cette époque, les pratiques étaient bien entendu beaucoup moins bien codifiées qu'elles ne le sont aujourd'hui. Peu de détails nous sont parvenus sur le contenu des prières antiques et médiévales. Les prêtres avaient certainement des usages relativement locaux. Après tout, il

1. Le 11 avril 1991, à l'Université pontificale.

fallait bien se débrouiller. La codification s'est faite progressivement, pour transmettre un savoir-faire et éviter les désordres des exorcistes à la petite semaine. Le rituel le plus ancien que l'on connaisse est apparu en 1614. À cette époque, l'Église a mené à bien une vraie collecte d'informations. L'idée était d'harmoniser au mieux les différentes cérémonies de l'Église, qui pouvaient être très différentes selon les aires géographiques. Cela s'est produit en réaction à la Réforme, qui a donné naissance au protestantisme. Au XVIe siècle, après de longs siècles d'unité de foi en Europe, les Églises allemande et suisse ont souhaité apporter certains changements au cœur de l'Église. De mon point de vue, ce désir n'a pas été assez entendu par Rome. Les réformateurs sont devenus des révolutionnaires, qui ont quitté l'Église pour former leur propre Église au sein de la chrétienté. Ce fut une période difficile ; l'Europe s'est retrouvée à feu et à sang avec les guerres de religion. À cette époque, l'Église a mené à bien une vraie collecte d'informations. Dans la perspective d'harmonisation, les hommes d'Église se sont rendu compte qu'il était nécessaire d'apporter un toilettage sur un certain nombre de choses. Le concile de Trente a donc mené à la Contre-

Réforme catholique. Cela a permis à l'Église de clarifier la nature des sacrements, de décrire ce que devait être la messe et de travailler de nombreux autres sujets liés à la vie de l'Église. Au niveau de la liturgie, la messe que l'on nomme traditionnelle aujourd'hui a été codifiée à cette époque. C'est le pape saint Pie V qui s'en est chargé. Tout comme les protestants, qui ont utilisé l'imprimerie pour répandre leur pensée, l'Église s'est mise elle aussi à publier des livres unifiant les pratiques. Le XVIe siècle est une période de mouvements ; les voyages, qui deviennent de plus en plus fréquents, permettent à chacun de connaître les pratiques des autres.

Tous ces changements ont donc permis d'unifier les pratiques et de faciliter le travail de l'exorciste. C'est au milieu de tous les sacrements et de toutes les bénédictions codifiées dans ce *Rituel romain* que l'on retrouve les premières pages connues à ce jour dédiées à l'exorcisme. À cette époque, ces pages étaient déjà réservées aux prêtres exorcistes. Le *Rituel romain* était destiné aux prêtres, sauf les pages dédiées à l'exorcisme. Ces textes ont constitué le corpus des textes utilisés pendant plusieurs siècles. Ils sont restés tels quels jusqu'à l'ajout du

Petit exorcisme de Léon XIII, au XIXe siècle. Léon XIII, en effet, voyant l'œuvre du mal croître et se banaliser, y a répondu avec de nouvelles prières, ajoutées au *Rituel romain*. Certaines sont très courtes, d'autres, plus longues. L'ensemble est adapté à de très nombreuses situations. Léon XIII a vraiment pensé à la pratique de l'exorcisme, ainsi qu'à son utilité pour l'Église catholique. Il y a, par exemple, une prière en l'honneur de l'archange saint Michel pour protéger l'Église, qu'il a souhaité populariser à la fin de la messe pour combattre les sociétés secrètes qui luttaient contre l'ordre social traditionnel. Pie XI a demandé que cette prière perdure, contre les dangers du communisme. Les traditionalistes la récitent encore à la fin de la messe, mais ils ne sont pas les seuls. Le pape François, qui apprécie cette prière et en voit l'utilité, a conseillé aux prêtres de la reprendre également à la fin de la messe.

Quand je pense à l'histoire des prières d'exorcisme, je la trouve finalement assez simple, et très cohérente : il y a eu une grande stabilité, une grande fidélité à l'action du Christ. C'est une réalité qui m'a vraiment ému quand j'ai commencé à exercer ce ministère. J'ai ressenti une vraie joie à l'idée de me rendre ainsi utile, de continuer cette œuvre bienfaisante et de réciter des prières si anciennes. Cela a marqué mon parcours personnel, puisque j'ai commencé ce ministère à l'occasion du 400e anniversaire du *Rituel romain.* Aujourd'hui encore, je trouve ça magnifique.

11

Le combat spirituel au XXe siècle

Pour l'Église comme pour l'exorcisme, le XXe siècle a été le théâtre de profonds bouleversements. Marquée par le matérialisme et la sécularisation, cette période a vu le clergé se battre pour suivre son temps tout en tentant de préserver le plus possible la foi partout dans le monde. Le combat spirituel a connu un fort recul face à de nouvelles pratiques l'ayant ostracisé. L'exorcisme, remis en question par la psychiatrie et par les sciences cognitives, a connu un grand moment de passage à vide au cours des années 1960, 1970 et 1980. Rester fidèle à la tradition sans être en décalage avec le monde contemporain qui ne croit plus au monde invisible était très difficile. Partout dans le monde, les changements sociétaux sont entrés en conflit avec les principes de l'Église. Le monde, et l'Occident plus particulièrement, a été parcouru par une envie de rompre avec certaines rigidités héritées du passé. L'Église a été touchée de plein fouet.

L'exorcisme s'est vu mis en concurrence avec la psychanalyse. L'attrait pour celle-ci a été énorme, y compris dans l'Église. Certains prêtres sont même sortis de l'état clérical pour devenir psychanalystes. De manière générale, ces années correspondent à une perte d'effectifs importante pour l'Église. Selon les estimations les plus fiables, entre 1960 et 2000, près de 70 000 prêtres ont quitté le sacerdoce dans le monde. En deux mille ans d'histoire de l'Église, cela n'était jamais arrivé. C'est pour cela que je dis souvent que le film *L'Exorciste*, et l'histoire dont il est inspiré, sont assez réalistes, si l'on met de côté les effets spéciaux du cinéma hollywoodien. Dans le film, deux prêtres interviennent au service de la possédée. L'un est plutôt jeune, autour de 40 ans, c'est le prêtre de la paroisse locale. L'autre, beaucoup plus âgé, revient de pays de mission. On ne sait pas trop ce qu'il fait. La tâche de célébrer l'exorcisme lui est finalement confiée. Aucun des deux n'est à proprement parler exorciste. C'est exactement comme ça que se passaient les choses en ce temps-là. Les prêtres âgés se voyaient confier ce ministère, un peu par défaut. Les plus jeunes, eux, n'avaient même pas conscience que cela pouvait exister. Comme beaucoup ne croyaient plus en l'existence du démon, les personnes souffrantes étaient dirigées vers la psychanalyse et l'Église avait toutes les peines à répondre aux rares demandes qu'elle pouvait recevoir. Tout cela correspond véritablement à la situation d'alors en France et aux États-Unis. L'auteur ne s'est pas trompé en décrivant la fonction d'exorciste comme étant en déshérence dans les diocèses à cette époque.

Cette crise de la foi a conduit l'Église vers un nécessaire *aggiornamento*, une réflexion approfondie sur la manière d'adapter les pratiques aux besoins des contemporains menée au cours du concile Vatican II. Les papes Jean XXIII de 1958 à 1963, puis Paul VI, de 1963 à 1978, avec l'assentiment des évêques, ont décidé d'introduire une plus grande souplesse dans les rituels des évêques, comme les messes, les sacrements, les bénédictions, les sacramentaux. La liturgie a été à la fois simplifiée et enrichie, de sorte que les prêtres puissent célébrer la messe dans leur langue et de la manière qui convient le mieux au peuple de Dieu. Plusieurs schémas de cérémonie ont été pensés, en reprenant des trésors de l'Antiquité chrétienne. L'un des fruits de ce deuxième concile œcuménique du Vatican a été de faire participer davantage les fidèles à la messe et de ramener les croyants vers la parole de Dieu. C'est un nouveau regard sur le monde. Le concile Vatican II demande à regarder le bien partout, à valoriser ce qu'il y a de bon autour de nous, à adopter un regard positif, plein d'espérance sur l'Église et sur le monde. Il y a désormais plusieurs manières de célébrer la messe et les différents sacrements, avec une créativité légitime. Tout n'est pas possible, bien entendu, le cadre reste bien délimité.

Avant le concile Vatican II, tous les prêtres récitaient la même messe latine. En France, il n'y avait qu'une seule manière de la célébrer. Tous les gestes, toutes les lectures étaient déterminés par Rome. Même la hauteur d'élévation des bras et l'endroit où se posait le regard du prêtre au cours de la messe étaient prévus par l'Église. Après plusieurs siècles à codifier les pratiques et à ajouter de nouvelles normes, l'Église a cherché à réintroduire un peu de liberté et un vrai souffle évangélique dans les célébrations.

Provenant d'une fraternité traditionaliste, j'utilisais bien volontiers l'ancien rituel de 1614 à mes débuts. L'idée d'employer des méthodes ayant fait leurs preuves pendant plus de quatre cents ans me plaisait. Dans la sphère civile, les occasions de recourir à des procédures aussi anciennes sont plutôt rares. C'est pourquoi j'ai pu utiliser de manière équivalente l'ancien et le nouveau rituel, en latin ou en français.

Ces ajustements n'ont pas été sans effet sur l'esprit du catholicisme. L'Église est un mystère dont il est difficile de cerner les contours. L'arche de Noé a longtemps servi d'image de ce que représentait le catholicisme : si un déluge universel survenait, mieux valait être dans l'arche pour être sauvé. Noé était un précurseur de Jésus, et l'arche, une annonce de l'Église. L'autre image bien connue de l'Église est celle du corps mystique : le Christ est la tête, nous sommes les membres. Depuis le concile Vatican II, sans rejeter ces représentations, l'Église a décidé que les fidèles devaient se tourner davantage vers la figure du Christ. Autour de Jésus, il existe des cercles concentriques plus ou moins proches. Personne n'est exclu. Ce qu'il faut, c'est aider les gens à se rapprocher du Christ, seul Sauveur. Par son incarnation, le Verbe divin, lorsqu'il a assumé la nature humaine, en la personne du Christ, a énoncé le lien fort qui existe entre chaque être humain. Que les êtres le sachent ou non importe peu. Pour résumer, on peut dire que l'Église est beaucoup plus inclusive. Pour être sauvé, il importe évidemment de se tourner vers le Christ et d'avoir un lien d'amitié avec lui, en ayant confiance et amour dans le cœur. C'est quand même plus simple, et plus fédérateur. L'Église est davantage attentive aux « semences du Verbe » aujourd'hui : c'est par cette expression un peu spécifique que l'on nomme la présence mystérieuse de Dieu dans le genre humain. L'Église considère qu'il y a des choses qui sont bonnes dans toutes les traditions, qui sont vraies et belles. Elles se rapportent d'une manière ou d'une autre au Créateur. Cela crée des passerelles. Cela permet d'emblée de considérer qu'il y a des choses qui nous rassemblent, et c'est le début d'une annonce paisible de la foi. Nul relativisme, mais une vraie culture du dialogue ! À Vatican II, l'Église se présente comme « le sacrement de l'unité du genre humain ».

Bien entendu, certaines considérations de morale sexuelle ont pu surprendre et décevoir.

Je pense par exemple à la décision prise quant à la pilule contraceptive. Lorsqu'elle est entrée sur le marché, la plupart des fidèles et la grande majorité des évêques ont vu cela d'un bon œil. Le sujet n'a toutefois pas été abordé lors du concile. Le pape Paul VI s'est réservé le droit de trancher seul cette question. C'est ce qu'il a fait dans son encyclique *Humanae Vitae.* En 1968, il a affirmé que le sujet de la contraception n'était pas recevable dans l'Église. Ce texte n'est pas définitif ni infaillible, certes, mais c'est désormais la discipline qui prévaut. Cela a suscité beaucoup de gêne, au sein de l'Église comme en dehors. Profondément attristé par les réactions hostiles, le pape n'a plus publié d'encyclique jusqu'à son décès en 1978. Son successeur, Jean-Paul II, a beaucoup popularisé l'expression « paternité responsable », en permettant aux couples d'être bien avertis sur les méthodes de régulation naturelle des naissances. On lui doit la théologie du corps, une pensée selon laquelle la beauté sublime de l'amour trinitaire se manifeste le plus fortement au moment de l'acte conjugal des époux. Le plaisir sexuel pensé comme étant le plus haut degré de la mystique, autant dire que ça n'a pas plu aux traditionalistes. Pour eux, c'était de la pornographie. C'est un pape qui est connu pour avoir spécialement défendu la famille et le respect de la vie.

Depuis, des millions de gens ont arrêté de pratiquer leur foi, tant la sécularisation est forte, avec son cortège d'hédonisme et d'individualisme. Beaucoup de nos contemporains vivent actuellement à l'ère de la spiritualité sans attache religieuse. Les prêtres ont le souci d'éclairer les âmes et de les aider à vraiment incarner l'Évangile dans leur vie quotidienne. Cependant, je me demande si c'était vraiment notre rôle d'être aussi intrusifs dans l'intimité sexuelle des fidèles, spécialement au confessionnal.

Pour les exorcistes, des changements majeurs sont apparus dans le sillage du concile Vatican II. Les anciennes prières privilégiaient des adresses directes au démon. On lui donnait des ordres, en latin, pour le chasser. Ces prières impératives existent toujours, mais elles doivent être précédées de prières déprécatives, comme je l'ai évoqué auparavant. Pour faire court, ce sont celles qui s'adressent à Dieu. C'est tout à fait bénéfique. Cela permet de décentrer la place du prêtre, de le considérer comme un passeur. Cela évite que les prêtres ne deviennent des sortes de gourous thaumaturges, des hommes tout-puissants de qui dépend la résolution des problèmes. Il ne s'agit pas de savoir quelle prière est la plus efficace, quel prêtre donne les meilleurs résultats. Le prêtre n'est qu'un humble intermédiaire au service de Jésus, qui fait participer son consultant, qui prie avec lui. On n'est pas dans la pensée magique.

Pour ma part, je n'ai aucun problème à utiliser le nouveau rituel. L'ancien et le nouveau me sont tous les deux utiles. Les intégristes, eux, n'aiment pas ça. Tout ce qui est nouveau, dans la réforme liturgique, ils sont contre. D'après mon expérience, je sais qu'ils ont rarement cherché à comprendre quelle intention il pouvait y avoir dans ces changements. Les esprits négatifs et complotistes répandus dans ces milieux bloquent complètement leur pensée. Ils soupçonnent facilement de mauvaises intentions, parlent de « judaïsation » ou de « protestantisation » de l'Église, voient l'influence de la franc-maçonnerie partout. Ces changements, pourtant, ont du sens. Ils ont été réfléchis et décidés par des spécialistes compétents de la liturgie. Les plus grands experts ont travaillé collégialement. Dans la liturgie rénovée, il y a des prières qui s'inspirent de celles de l'Antiquité, d'autres qui proviennent de l'Église d'Orient. Et il est magnifique de savoir que l'on connaît mieux les fondements mêmes de notre religion.

L'intérêt pour l'exorcisme, largement en déclin dans les années 1960-1970, n'a fait que croître à partir des années 2000. Cela est remonté jusqu'au plus haut niveau. Le pape François est un pape qui parle beaucoup du combat spirituel, du démon. Il en parle plus que Pie XII, Jean XXIII, Paul VI et Jean-Paul II réunis. La promulgation du nouveau rituel de l'exorcisme, en 1998, a également été un grand progrès. Elle a permis de proposer les liturgies de l'exorcisme dans la langue des fidèles, conformément aux changements voulus par le concile Vatican II. Il aura fallu une trentaine d'années pour toiletter l'ensemble des livres liturgiques.

Certains pays, malheureusement, se désintéressent encore de la question. La Suisse et l'Allemagne sont par exemple très peu dotées d'exorcistes. Le ministère y est très négligé. Récemment, l'évêque de Coire, en Suisse, a publiquement dit qu'il ne voyait aucun intérêt à nommer un prêtre exorciste dans son diocèse. L'opinion publique allemande et suisse germanique a été très marquée par le cas d'Anneliese Michel, une jeune femme allemande, à la fois malade et possédée, décédée en 1976. Malgré des séjours en hôpitaux psychiatriques, qui n'ont jamais fait qu'empirer son cas, c'est uniquement vers les parents et les exorcistes que se sont tournés les procureurs dans la recherche d'éventuelles maltraitances. Pour éviter ce genre de difficultés, il a été décidé qu'il ne serait plus célébré d'exorcisme en Allemagne, quand bien même les deux exorcistes ont été entièrement disculpés par les tribunaux. Il s'agit donc là d'une mauvaise et regrettable décision.

À l'inverse, sur les vingt dernières années, l'Italie et les États-Unis ont été des pays moteurs pour la profession. Ce sont les pays qui dispensent la meilleure formation aux exorcistes débutants. Ce sont d'ailleurs les deux pays les plus représentés au congrès de l'Association internationale des exorcistes dont nous reparlerons. Les Églises américaine et italienne y sont particulièrement investies. J'ai aussi noté la présence croissante de certaines délégations, comme celle d'Afrique francophone ou de Corée. Cela démontre un intérêt fort de ces pays pour la question. Les hispanophones sont également présents, avec de petites délégations qui forment un ensemble bien supérieur aux francophones.

Malgré la proximité avec l'Italie, la France n'est pas plus présente que l'Espagne ou que certains pays plus petits et plus éloignés. Il faut quand même noter que la situation évolue positivement. Par rapport à mes premières années, je trouve mes confrères de plus en plus impliqués. Certains prêtres soixante-huitards, manquant de foi, ont petit à petit perdu en influence ou sont partis pour une vie meilleure.

12

L'Association internationale des exorcistes

Si l'exorcisme a connu un regain d'intérêt ces trente dernières années, il le doit principalement au travail de l'Association internationale des exorcistes (AIE) et à son principal initiateur, le père Gabriele Amorth. L'existence du diable était alors fortement remise en question dans le monde occidental. Ça ne correspondait pourtant pas à ce qu'il voyait au quotidien. Le père Amorth était exorciste à temps plein. C'était son unique ministère. Avec le père Chenesseau et d'autres prêtres exorcistes, il décide de monter une petite association pour correspondre, entretenir des liens d'amitié, partager des informations, proposer un soutien mutuel, se réunir et mettre en place des formations. Une petite vingtaine de prêtres exorcistes et quelques thérapeutes composaient l'association. En parallèle, le père Amorth a pris de l'importance dans le monde catholique. Il a écrit des livres qui ont fait de lui une figure médiatique. Il est d'ailleurs regrettable que certains médias aient instrumentalisé les témoignages les plus « croustillants » du père Amorth – je ne parle même pas de l'adaptation de ses mémoires au cinéma, qui ne se réduit qu'à un film d'horreur sans intérêt. Le quotidien du père Amorth était tout autre. Il a su fédérer des personnes croyant vraiment à leur ministère. Sans lui et sans le congrès de l'AIE, je n'ose pas imaginer où en serait le ministère.

Le congrès est un rendez-vous biannuel, auquel j'apprécie de participer. Ma première venue remonte à 2014. Je commençais tout juste à exercer mon ministère. Le père Jean-Régis m'avait donné des renseignements sur un rendez-vous à venir, qui avait lieu en octobre, auquel je pourrais me rendre. Je me suis inscrit et j'y suis allé. Depuis, je n'ai manqué aucun de ces symposiums.

Le congrès se tient à la Fraterna Domus à Sacrofano, dans la banlieue de Rome. La réunion a lieu dans un domaine très vaste, qui peut accueillir beaucoup de monde. Il y a une communauté religieuse féminine ainsi qu'un personnel laïc. Les réunions se font à huis clos pour des raisons de discrétion. Cela a ses avantages, comme celui de discuter entre confrères, sans peur du jugement ; en effet, ces réunions peuvent susciter la curiosité des médias spécialisés dans les scoops et tout ce qui peut faire du buzz. Lors de notre dernier congrès, une journaliste italienne s'est infiltrée avec un micro caché. Je me demande ce qu'elle a bien pu trouver. Nous n'apprenons pas à faire de la contre-magie, ou je ne sais quoi. Le principe du congrès est avant tout de nous réunir et de proposer des formations de qualité. C'est ça qui est superbe : on est là pour partager et pour s'instruire. C'est à la fois studieux et convivial.

Ce rendez-vous est devenu, au fil des ans, un événement international, ce qui n'a pas toujours été le cas. Lorsque l'AIE a été fondée en 1991, seule la vingtaine de prêtres exorcistes de son réseau y prenait part. Aujourd'hui, ce sont plus de trois cent membres qui se réunissent à chaque congrès. Il y a des prêtres et quelques laïcs, qui font partie d'équipes diocésaines, dont des psychiatres et des psychologues. L'association est désormais reconnue universellement, avec l'approbation pontificale. Dans les années 1990, le petit monde des exorcistes français regardait, dubitatif, ce genre de réunions. Ils pensaient que les prêtres se réunissant là-bas avaient tendance à voir le démon partout. Maintenant, on dénombre neuf cents membres, dont une petite trentaine de Français. Depuis les années 2020, les réunions organisées par le Bureau national des exorcistes manifestent un intérêt certain pour l'AIE.

Le congrès de l'AIE est un rendez-vous très fraternel qui dure une semaine. On y vit la messe quotidienne ensemble. Pour des raisons pratiques, celle-ci est donnée en latin. Il y a également des temps de prière par groupe linguistique, l'office des laudes le matin et l'office des complies le soir. Les repas constituent un autre temps de discussion libre entre les différents participants. C'est un moment d'échange, qui permet aux exorcistes de parler de leurs pratiques et des cas qu'ils rencontrent.

La plus grande partie de la journée se déroule dans une salle qui ressemble à une salle de cinéma, ou un amphithéâtre. Il y a une scène, sur laquelle se trouvent les membres du staff et le conférencier invité. La plupart du temps, ces conférences sont simplement orales et traduites en huit langues différentes. Il arrive que des images ou des films soient projetés, mais c'est rare. Les sujets sont aussi divers que les conférenciers. Ils peuvent provenir du monde entier. Cela permet d'avoir des retours sur les expériences de terrain. Il y a des temps de questions-réponses assez longs, et beaucoup de pauses aussi, pour commenter les conférences entre collègues. Il y a des conférences passionnantes, d'autres moins intéressantes, comme dans tous les congrès. Ici, chacun peut participer. En 2023, l'une des conférences traitait d'une sainte religieuse allemande, morte juste après la Seconde Guerre mondiale, qui a été fortement malmenée par le démon sans aucune faute de sa part, ce qui relève par permission divine d'une vie mystique exceptionnelle. Elle a été stigmatisée. Elle portait les mêmes plaies que le Christ. Plus étonnant encore, le démon mettait à l'intérieur de sa chair des objets en métal, des épingles, des aiguilles, parfois au plus profond de son corps. Elle s'est retrouvée avec une aiguille coincée dans la gorge. La pauvre religieuse, très pieuse, priait pour les pécheurs, et menait une vie difficile. C'est un cas rarissime, très intéressant, et abondamment documenté. Nous avons pu discuter de ce qui s'est passé dans sa vie, pour comprendre comment elle avait été attaquée par le démon.

Une conférence instructive a été donnée sur les dérives sectaires, dans le monde, avec une focalisation importante sur l'ésotérisme et le satanisme. Le conférencier était un prêtre italien, spécialiste de ces questions.

Parmi les films diffusés, nous avons pu voir un petit documentaire sur les enfants sorciers. Dans certains pays d'Afrique, dès le plus jeune âge, certains enfants sont considérés comme enfants sorciers. Ils se retrouvent abandonnés par leur famille. Ainsi délaissés, ils sont victimes de maltraitances terribles, tombent dans la prostitution ou l'esclavage. Ils doivent se regrouper entre eux pour survivre. C'est terrible de voir comment des croyances peuvent être à l'origine de maltraitances graves sur les enfants. Il me semble qu'il peut y avoir une influence diabolique dans la diffusion de ces croyances-là. Surtout lorsqu'il y a des dégradations d'êtres humains, comme des mutilations au niveau du visage, ou sur le corps. Je pense qu'il y a une sorte de génie du mal derrière cela, avec, en arrière-fond, certaines considérations patriarcales, comme l'excision, l'infibulation. Je me demande comment cela a pu passer par la tête d'un être humain. Pourtant, cela est communément pratiqué, à l'étranger comme en France. J'ai dans mes proches une femme gynécologue, ici, à Toulon, qui doit parfois réparer les filles qui ont souffert d'atrocités. Je n'ai pas la preuve que le diable se trouve derrière ces actions, mais je me dis qu'il pourrait avoir intérêt à faire en sorte que ce genre de choses arrivent. Comme l'être humain, selon la croyance judéo-chrétienne, a été créé à l'image de Dieu, toute atteinte grave à l'intégrité physique d'un homme ou d'une femme est une attaque envers Dieu. En effet, elle dégrade notre ressemblance à Dieu.

Nous avons également eu des conférences très riches sur le cadre dans lequel doit exercer le prêtre exorciste. Être exorciste, ce n'est pas le Far West. Notre pratique est très codifiée. Nous avons écouté un spécialiste en droit canonique – c'est-à-dire le droit qui régit l'Église catholique – qui nous a rappelé un certain nombre de principes desquels nous ne pouvons pas nous écarter. Il a énuméré les cas dans lesquels nous sommes légitimes à agir. Ce genre d'intervention est très importante : nous sommes en effet confrontés à tellement de situations sortant de l'ordinaire ! Il faut rappeler, autant que possible, tout ce qui n'entre pas dans le rituel, car ce sont des pratiques qui peuvent mettre en danger à la fois le consultant et le prêtre exorciste. Car, je le redis, le danger encouru de l'emprise, de l'abus, de la maltraitance psychologique, de la violence physique ou morale est bel et bien là. Il faut penser que le démon existe vraiment, et que tout écart vis-à-vis du rituel lui ouvre la porte.

Parmi les conférences, il y a parfois des choses qui ne sont pas de mon goût. Je me souviens ainsi d'une intervention sur la place du diable dans la musique, où l'on entendait que la techno était une musique diabolique. Ce sont des pensées des années 1960 et 1970, très fantasmées, en particulier dans les milieux pentecôtistes états-uniens. Les esprits les moins armés tombent malheureusement dans le piège. Je le sais, car cela m'est arrivé. Quand je me suis converti, je n'avais pas assez de recul critique pour réfuter ces thèses. C'est dommage de propager ce genre d'idées. La question de la présence du diable dans la musique, dans la littérature ou dans le cinéma est un sujet très intéressant. Elle mérite d'être posée. En tant que prêtre exorciste, il faut se demander quelle est l'intention de l'artiste. Est-ce de nous faire aimer le diable, ou simplement d'en parler ? Quel rôle est attribué à la sorcellerie ? Ce sont des sujets que l'on retrouve beaucoup dans les cultures de la jeunesse. Il existe des influenceurs, sur les réseaux sociaux, qui encouragent à pratiquer des rituels. Certains milieux féministes fantasment la figure de la sorcière. Cela incite les plus jeunes, plus particulièrement des jeunes filles, à pratiquer des rites occultes. Cela peut faire aimer une prétendue bonne magie, ou une bonne divination. Rien de tout ça n'est bon.

L'AIE n'a pas que pour mission de nous réunir autour d'une table une fois tous les deux ans. Elle s'attache également à mettre à disposition des exorcistes des livres à partir desquels travailler. Le plus récent s'intitule *Directives pour le ministère de l'exorcisme*[1]. Paru en 2019, il a été traduit en français par une petite équipe dont je fis partie, et publié en 2022. Comme l'édition 2020 du congrès a été annulée pour faute de pandémie, ce dernier séminaire a été le premier au cours duquel nous avons pu travailler avec ce livre qui n'existait pas auparavant. C'est l'ouvrage de référence pour nous permettre de bien

1. Association internationale des exorcistes, *Directives pour le ministère de l'exorcisme à la lumière du Rituel en vigueur*, Mame/Desclée, 2022.

utiliser le rituel. C'est un peu l'équivalent du *Traité toutes armes* des militaires. Ces *Directives pour le ministère de l'exorcisme* sont très bien faites. Ce n'est pas enfermant, ni desséchant, et le propos est très intéressant. Je pense qu'il peut même l'être pour quelqu'un qui n'est pas exorciste. Beaucoup de choses sont expliquées, avec de nombreuses références bibliques. C'est un livre qui va largement être étudié et commenté dans les années à venir, au moins dans la sphère des exorcistes. Ce serait encore mieux qu'il le soit aussi en dehors !

13

L'état du ministère en France

En France, le ministère de l'exorcisme est de mieux en mieux considéré, même si la progression est lente. Les autorités ne semblent pas très intéressées par le sujet de l'exorcisme. Il a pu arriver que l'un de nos évêques référents n'ait aucune connaissance de ce ministère. Il n'est jamais à l'ordre du jour des sujets étudiés par les évêques lors de leurs rencontres semestrielles, à Lourdes. Ce thème n'a jamais été évoqué, même brièvement, à l'occasion des quarante dernières rencontres. Les évêques représentent pourtant la continuité apostolique, ils sont les descendants directs des apôtres. Ce sont eux, en premier, qui s'occupent de la lutte contre le mal. C'est donc assez unique comme situation dans l'Église ; elle est heureusement bien différente pour les autres ministères, dont on parle plus régulièrement, comme la pastorale de la santé ou l'enseignement catholique.

Ce constat se prolonge au niveau local. À Paris intramuros, il y a deux ou trois exorcistes pour deux millions d'habitants. Pendant longtemps, les huit diocèses d'Île-de-France ont mutualisé leurs forces, tel qu'on l'exprime dans la *langue de buis* habituelle. Quatre à cinq exorcistes, selon les périodes, se sont occupés de 10 millions d'habitants.

Le sous-investissement explique aussi le manque d'intérêt. Les exorcistes ont parfois tellement de cas à traiter que je ne vois pas comment ils peuvent mener leur mission à bien – sans compter que les profils choisis sont parfois des erreurs de casting. Quand un exorciste dit qu'il ne croit pas au diable, c'est comme si un policier disait que les victimes de crimes avaient tout inventé. Heureusement, les choses changent. Les nouveaux prêtres ordonnés, plus classiques et mieux formés, ont les idées claires sur la distinction et la complémentarité entre le psychologique et le spirituel. Les exorcistes trop psychologisants, qui dominaient le ministère dans les décennies précédentes, laissent la place à des prêtres croyant plus fortement à l'œuvre du démon.

En France, on a encore tendance à écarter ce qui peut s'apparenter à du merveilleux. Le père Gabriele Amorth a longtemps eu mauvaise réputation. Certains prêtres n'ont que peu montré d'intérêt à ses récits. Même de nos jours, plusieurs conférences données lors des séminaires de l'AIE ne seraient pas prises au sérieux lors des rencontres des exorcistes de France.

Je me souviens d'une réunion nationale des prêtres exorcistes de France à laquelle j'assistais, peu de temps après avoir pris mes fonctions. Lors d'un déjeuner, je me suis retrouvé avec trois prêtres âgés, qui avaient tous trois fois vingt ans d'ancienneté dans le poste. Souhaitant apprendre de leur expérience, je me suis mis à discuter de leur utilisation du *Rituel de l'exorcisme majeur*. Le premier m'a dit ne l'avoir jamais ouvert. Le deuxième, l'avoir utilisé une seule et unique fois ; et encore, il pensait avoir eu tort de le faire. Le troisième, *idem*. Il ne l'avait ouvert qu'une fois. À la différence de son collègue, il lui semblait que la prière avait été utile. Je me demande par quel hasard formidable aucune personne aurait pu n'avoir besoin d'exorcisme majeur dans leur diocèse. Étant alors un exorciste débutant, j'ai préféré me taire. Mais je me sentais accablé par le manque de sérieux et de croyances de ces prêtres exorcistes. On est proche de la non-assistance à personne en danger. À l'AIE, il est impossible de rencontrer aucun prêtre de ce genre. Encore une fois, il est bon que les formations sur le combat spirituel touchent aujourd'hui les nouvelles générations de prêtres.

Sur le terrain, les choses avancent. Il y a de moins en moins de diocèses sans exorciste, et de plus en plus d'exorcistes qui travaillent bien, qui réfléchissent à leur fonction, qui partagent leurs expériences. Le clergé est plus classique qu'au cours des décennies précédentes. Certes, le nombre de prêtres et de fidèles diminue. Pourtant, je constate que les gens qui restent dans l'Église sont de plus en plus convaincus. Ceux qui viennent à la messe le dimanche le font avec conviction, et non plus par simple conformisme. Être catholique pratiquant est parfois mal vu dans la société. Lors de nos conférences bisannuelles, certains universitaires catholiques me disaient à quel point il leur était difficile de parler de leur condition de chrétiens sur leur lieu de travail. Impossible pour eux de partager leur foi, sous peine de passer pour des ringards. Leurs confrères, eux, n'avaient aucun mal à mettre en avant certaines pratiques d'inspiration vaguement bouddhiste ou néopaïenne.

L'intérêt pour cette réunion, tout comme celui pour l'exorcisme, est croissant. Nous étions une centaine de participants, clercs et laïcs, il y a dix ans. Nous sommes désormais deux cents, dont quatre-vingts exorcistes. Il y a des temps de prière, des temps pour échanger entre nous et des conférences auxquelles nous assistons tous. Tous les deux ans, un thème général sert de cadre aux discussions. En 2024, c'était « Anges et démons, que peut-on en dire ? ». Nous avons entendu une conférence remarquable sur les fondements bibliques de cette connaissance sur les anges et les démons, avec un ancrage fourni et précis dans l'Ancien Testament. Il y a également eu une conférence sur l'histoire de la doctrine, et une autre sur les anges et les démons dans la religiosité chrétienne africaine et créole, réalisée par une sociologue de l'université catholique de Lyon. Dans les diocèses parisiens, ces communautés représentent environ 45 % des consultants. Je pense que c'est important d'organiser des dialogues entre les différentes communautés de l'Église française, pour que chacun puisse se comprendre. Le ministère de l'exorcisme ne peut qu'en sortir grandi.

L'intérêt croissant pour l'exorcisme en France permet également de réduire la distance entre les prêtres membres de l'AIE et le Bureau national des exorcistes. Le dernier congrès de l'AIE a été l'occasion d'élire le nouveau prêtre responsable du groupe francophone. Il y a eu des élections dans tous les groupes linguistiques. Dans la plupart des cas, ce sont des personnes qui se sont représentées et ont été réélues sans difficulté. Pour nous, la situation était différente. L'ancien représentant du groupe francophone ne se représentait pas. Il fallait un nouveau représentant. Après un vote à bulletin secret, c'est le père Jean-Baptiste, membre du Bureau national des exorcistes, qui a été élu. C'est une excellente nouvelle. Le père Jean-Baptiste est un prêtre d'une quarantaine d'années, qui fait partie de la communauté de l'Emmanuel au sein du diocèse de Grenoble. C'est un confrère très estimable, à la fois compétent et sérieux. Pour la première fois, le niveau national et le niveau international sont alignés. Lui va pouvoir venir, en tant que membre du Bureau national, au congrès de l'AIE. En retour, il va pouvoir faire de la publicité pour l'AIE au sein du

Bureau national des exorcistes français. Sa double casquette est une véritable bénédiction. Les idées de l'AIE vont enfin pouvoir infuser, dans le bon sens du terme, dans la structure française. Lui aussi pense qu'il serait judicieux de proposer un parcours de formation enrichi, avec des cours, du tutorat, des groupes de partage et des supervisions. Nous avons du pain sur la planche.

14

Pour une vraie formation des exorcistes

Le sujet le plus important, actuellement, dans le monde de l'exorcisme, est la formation. En France, il est indispensable que l'on aille vers une plus grande prise en charge des nouveaux exorcistes. Il nous faut rattraper le retard pris sur d'autres pays qui se sont déjà penchés sur la question. Aux États-Unis, la formation initiale est de deux semaines. En Italie, les formations proposées vont d'une à six semaines. Dans les deux pays, c'est l'AIE qui est chargée d'effectuer cette formation. En France, on est loin de ça. Il y a longtemps eu une seule journée de formation, dispensée une fois par an pour tous les exorcistes débutants. Aujourd'hui, ce sont désormais trois jours pleins qui y sont consacrés, une fois tous les deux ans, dont une première journée pour les seuls néoprêtres exorcistes. Cela s'accompagne éventuellement d'initiatives locales. Aucune de ces formations n'est obligatoire, hélas.

Il me semble que la formation est bien meilleure dans les autres ministères. Quand un prêtre commence dans l'aumônerie des écoles, dans l'aumônerie des hôpitaux ou dans l'aumônerie des prisons, il est préparé à sa tâche future et ne se retrouve pas tout seul. Pour toutes les responsabilités que l'on peut avoir dans l'Église, il y a toujours une formation initiale, des groupes de partage d'expérience, des supervisions. C'est la même chose pour les thérapeutes. Personne n'irait voir un psychiatre qui n'a reçu aucune formation. Un prêtre m'a récemment raconté sa nomination : alors qu'il possédait déjà cinq ou six casquettes, son évêque a eu l'idée de le nommer prêtre exorciste, en plus des charges qu'il exerçait déjà. Ce poste, dans ce diocèse, n'avait jamais été pourvu. Il n'a suivi aucune formation initiale. Il n'a pas reçu de lettre officielle de nomination, ni de livre pour travailler. Il faut savoir que le *Rituel de l'exorciste* ne se vend pas dans le commerce, on ne peut pas se le procurer soi-même. Ce prêtre était censé commencer son ministère de cette façon. Son évêque, très peu intéressé par ces questions, a simplement renseigné une case dans un organigramme. C'est un cas assez emblématique.

J'ai suggéré au Bureau national que l'on mette en place un système de mentorat ou de tutorat. Il devrait y avoir des temps de rencontres, de fraternité, de partages d'expérience, et surtout de la supervision. Ce que je souhaite, c'est qu'un exorciste fraîchement nommé puisse commencer son ministère en étant prêt. Cela suppose de nommer des prêtres compétents, disponibles, et de les former de manière convenable. Les nominations ont lieu le 1er septembre, tandis que les formations, même minimes, ont lieu plusieurs mois après. Un échange pourrait être mis en place entre les exorcistes au sein des mêmes provinces ecclésiastiques, ce qui correspond plus ou moins aux régions en France dans les mots de l'Église. J'ai accueilli plusieurs fois des prêtres récemment nommés dans leurs diocèses respectifs. Le service diocésain de l'exorcisme, à Paris, a fait ce travail après que des prêtres de diocèses voisins ont sollicité une aide. Rencontrer les prêtres déjà en place peut aider à comprendre le terrain plus rapidement. Cela permettrait d'avoir des collègues à qui parler, avec qui échanger. Une simple journée trimestrielle serait déjà très bénéfique.

Et puis il y a la question du dialogue avec le monde médical. Les jeunes exorcistes devraient également être mis en lien avec des professionnels de la santé compétents, des psychologues, des psychothérapeutes et des psychiatres rompus au dialogue avec l'Église. Les prêtres, avant d'être exorcistes, ne sont pas toujours habitués au dialogue avec ces professionnels. Ils ne connaissent pas toujours les personnes compétentes de leur région. C'est aussi un aspect sur lequel il y a beaucoup à faire.

Le processus de recrutement devrait également être revu. Les évêques pourraient anticiper les nominations. Je sais Mgr Touvet, nouvel évêque de Fréjus-Toulon, très attentif à ce sujet. La plupart d'entre nous commencent en ne sachant absolument pas quoi faire. Un exorciste chevronné pourrait accompagner les nouveaux exorcistes pendant quelques semaines. Notre métier ne s'apprend pas dans les livres. Quand j'en parle, tout le monde est d'accord avec cette idée. Le principe est évident mais, dans les faits, cela ne se pratique pas. Il y a un problème de mise en route. Pourtant, le Bureau national des exorcistes voit d'un bon œil les initiatives locales. Il ne reste plus qu'à mettre en commun et à faire connaître le fruit de ce travail.

Au niveau local, également, on constate de grandes disparités dans la prise en charge de l'exorcisme. Certains diocèses sont encore trop peu concernés : soit aucun prêtre du diocèse n'a été nommé comme exorciste, soit le service diocésain n'est pas disponible pendant les vacances scolaires (près de vingt semaines par an !), soit le prêtre qui est en poste ne participe jamais aux rencontres nationales ou internationales. Pour le moment, les exorcistes n'y sont qu'invités, et non convoqués. C'est ainsi que certains prêtres exorcistes restent dans l'ignorance, trop éloignés des lieux de discussion entre confrères. Cela pourrait être facilement résolu, avec des améliorations au niveau de la communication entre prêtres exorcistes. La lettre du Bureau national des exorcistes, *Brèves*, pourrait être envoyée plus régulièrement, trimestriellement par exemple, pour que cela génère une réflexion nourrie. Le contenu pourrait également être repensé, avec un courrier des lecteurs, des prêtres de terrain posant des questions, des témoignages, des recensions de livres ou de films pouvant nous intéresser. S'ils ne connaissent pas la culture populaire, les exorcistes auront du mal à comprendre les consultants qui sont influencés par celle-ci. Le dialogue entre les cultures doit être promu. Les personnes qui viennent jusqu'à nous ne vivent pas dans une bulle. Leurs peurs sont nourries par certains aspects du monde que l'on doit comprendre. Le travail de formation doit également se faire dans toute l'Église. D'autres que nous doivent eux aussi pouvoir gérer les cas les plus légers, et rediriger vers nous ceux qui nécessitent notre action. Un prêtre de terrain, en paroisse, doit être capable d'accueillir et de faire un premier recueil d'informations, un premier discernement, pour commencer à répondre, à son niveau. La plupart des gens qui viennent me voir ne nécessitent pas de prières d'exorcisme majeur, que je suis le seul à pouvoir célébrer. Ici, au séminaire de La Castille, je propose aux futurs prêtres une formation initiale sur la délivrance. Je leur explique ce que je fais, et ce qui leur incombera lorsqu'ils seront vicaires en paroisse. Par la suite, ils n'hésitent pas à me contacter. Je fais aussi des interventions dans des aumôneries, des collèges, dans les paroisses à l'initiative des prêtres. Ce dialogue serait, *in fine*, un bon moyen de mener une réflexion sur le poids du ministère au sein de l'Église.

Je suis convaincu que de nombreuses erreurs commises jusqu'aux années 2000 auraient pu être évitées grâce à une meilleure formation. Le rapport de la Ciase, la Commission indépendante sur les abus sexuels dans l'Église, a beaucoup dénoncé les abus, à raison. Ce sont des choses très graves, contre lesquelles il faut lutter. En parallèle, il y a également d'autres abus, plus psychologiques, et certaines emprises qui auraient aussi mérité d'être traitées. Certains prêtres ont été trop influencés par le monde pentecôtiste anglo-saxon, qui a tendance à voir le démon partout. Ils ont parfois inventé des prières de délivrance étranges, ou instrumentalisé des prières d'exorcisme pour délivrer des personnes d'emprises hypothétiques ou complètement fictives, le tout dans un contexte hystérique, menaçant et très culpabilisant. Je songe au cas d'un prêtre qui a célébré des prières d'exorcisme pour chasser le démon qui, selon lui, s'était emparé d'une personne afin que celle-ci devienne homosexuelle. Ce n'est pas un cas isolé, cela s'est beaucoup fait aux États-Unis, toujours dans les milieux protestants pentecôtistes que l'on a évoqués. C'est ce que l'on a appelé les thérapies de conversion. C'est aberrant. Comme si ces prières allaient rendre ces personnes hétérosexuelles ! Ces pratiques ont causé beaucoup de dégâts. Des personnes sont sorties inutilement démolies par ces maltraitances. En tant que prêtre exorciste, il me paraît évident qu'une personne homosexuelle n'est pas possédée par le démon, et je trouve très grave que l'on puisse penser ce genre de choses. Le législateur français a fait en sorte qu'il n'y ait rien qui puisse ressembler à cela en France.

Un autre cas d'emprise qui est arrivé à mes oreilles concerne les personnes doutant de leur vocation. Je pense au cas d'une religieuse qui a mis du temps à discerner qu'elle n'était pas faite pour cette voie. Elle a souhaité retourner dans le monde séculier. Elle pensait au mariage, et à fonder une famille. Dans son couvent, tout a été fait pour qu'elle ne quitte pas sa vocation. Il lui a été dit que c'était le démon qui cherchait à lui faire perdre sa vocation. Il lui a été conseillé de lutter, de jeûner. Un prêtre exorciste a été dépêché pour chasser le démon au cours de plusieurs séances, qui ont duré des heures. Tout cela fait beaucoup de tort à notre ministère ainsi qu'à l'Église elle-même.

Ces cas sont d'autant plus problématiques qu'ils sont traités en vase clos. Même s'ils sont rares, ils mériteraient tout de même que soit menée une réflexion autour du préjudice et de ceux qui en souffrent. L'Église tout entière en pâtit. L'Église, c'est « Jésus Christ continué et répandu », selon l'expression de Bossuet, Jésus Christ tel qu'il a accueilli toutes les souffrances lors des trois dernières années de sa vie. C'est aussi l'image d'une mère protectrice, d'une maman qui protège ses enfants et en prend soin. Or, des cas comme ceux-ci, même s'ils sont rares, empêchent de voir cette beauté. On peut espérer qu'il n'y aura désormais plus aucun cas similaire, car la vigilance progresse au sein de l'Église comme au sein de la société civile. Toutefois, pour que les choses changent vraiment, il faut prendre le problème à la racine. Il ne faut pas se contenter de panser les plaies, mais les anticiper. Tous les prêtres devraient recevoir une véritable formation autour de la lutte contre le mal, afin que celle-ci ne soit pas dévoyée. Notre ministère, et toute l'Église à travers lui, est appelé à servir autant que possible, avec justesse, avec mesure, avec discernement. Le ministère de l'exorciste peut être rigoureux, scientifique. Je crois sincèrement qu'il est possible de créer des méthodologies applicables par tous, pour que nous continuions à exercer notre mission le plus efficacement possible, en guérissant ceux que nous pouvons guérir, en protégeant tous ceux qui viennent chercher notre secours et en aidant les autres à trouver l'aide dont ils ont besoin. Il ne devrait pas y avoir tant de différences dans la pratique des uns et des autres. Notre ministère relève de ce souci de l'Église de prendre soin des souffrances. L'Église souhaite aider ces personnes et les accueillir.

Les confrères prêtres exorcistes ayant beaucoup d'expérience me disent voir les lignes bouger. Ils pensent que cela progresse, recommandent la patience. Ils ont vu la situation avancer par rapport aux années 1980 et 1990. J'ai envie de les croire. En dix ans de pratique, j'ai moi aussi vu certains progrès. Je comprends la chance que j'ai eue de bénéficier d'un temps de formation initiale de trois mois grâce à mon évêque, et tout ce que cela m'a apporté. Grâce à cela, je crois pouvoir apporter une véritable aide à tous ceux que le destin a mis sur ma route. Il faut que notre ministère soit à la hauteur des attentes qu'il peut susciter, qu'il permette de soulager les peines de ceux qui n'ont plus d'espoir. C'est la mission première de l'Église, celle qui m'a donné la foi. Cet amour est au cœur de nos pratiques. Les réflexions consignées dans ce livre n'ont pour but que de transmettre ce message : toute souffrance peut être apaisée ; le bien est partout en ce monde, prêt à supplanter le mal. C'est à nous, hommes et femmes d'Église, de faire en sorte que tout un chacun le comprenne.

Annexes

Voici une brochure que j'ai l'habitude de donner à la fin de mes entretiens aux personnes qui viennent me consulter.

Rituel de début de journée

3 semaines à partir d'aujourd'hui
Petit carnet pour prendre des notes
1er – matin (10') : …/…/…
Dernier matin (10') : …/…/…
Compte rendu à l'issue
(SMS, WhatsApp ou e-mail)

Profession d'estime de soi

Dans tout l'univers, il n'y a pas une autre personne qui soit exactement semblable à moi.

Je suis moi ; tout ce que je suis est unique, et je suis une merveille de la Création.

Je suis responsable de moi-même, j'ai tout ce qu'il me faut ici et maintenant pour vivre pleinement.

Je peux choisir d'acquérir les compétences qui me semblent utiles et de manifester le meilleur de moi-même.

Je peux choisir d'aimer, et de me laisser aimer.

Je peux choisir de vivre en harmonie avec Dieu, moi-même, et mon prochain.

Je suis digne d'être accepté(e) et aimé(e) exactement comme je suis, ici et maintenant.

Je m'aime et m'accepte, je décide de vivre pleinement dès aujourd'hui. Amen.

Demande de protection et de délivrance

Dieu au-delà de tout créé, toi seul connais le cœur de chacun, et tu reconnais ceux qui te cherchent sans savoir toujours te nommer. Père tout-puissant et infiniment bon, je me présente devant toi ; accorde-moi, je t'en prie, ta bénédiction.

Mon chemin m'a conduit(e) jusqu'ici, accueille-moi comme Jésus a su accueillir ceux qui se présentaient à lui pour être soulagés de leur mal.

Accorde-moi d'être protégé(e) des influences mondaines et des attaques du démon.

Accorde-moi aussi d'être délivré(e) des éventuelles emprises maléfiques qui pourraient toucher les plans matériel, financier, professionnel ou administratif, ainsi que les plans physique, psychique, spirituel ou relationnel.

Accorde-moi enfin d'être guéri(e) des blessures, fragilités ou infirmités, qui pourraient me freiner dans mon élan d'amour vers toi. Daigne tourner ton visage vers moi ; je mets ma confiance en toi.

Viens purifier, éclairer et fortifier mon intelligence, ma volonté, ma mémoire, mon imagination, mon affectivité, ma sensibilité et mon corps.

Tout cela, je te le demande par l'intercession de Notre-Dame, Marie, consolatrice des affligés, par la force de ton Amour dans les siècles des siècles. Amen.

Demande de bénédiction

Seigneur, je t'en prie, accorde-moi ta bénédiction.

Garde ta main protectrice au-dessus de moi et fais-moi ressentir ta présence aimante et salvifique.

Que je sois rempli(e), jusqu'au plus profond de mon âme, de ton Esprit Saint.

Guéris mes blessures, ravive en moi ce qui est figé, ce qui est desséché.

Donne-moi accès à la source de bénédiction qui jaillit au fond de mon cœur. Et fais de moi, tel(le) que je suis, une source de bénédiction pour toutes les personnes que je rencontrerai. Assure-moi de bénir les chemins que j'emprunterai. Accompagne-moi sur ma route, afin qu'elle m'amène à vivre une liberté et un amour toujours plus grands. Bénis et protège ma famille, mes amis et tous ceux qui me sont chers. Amen.

Demande de bénédiction

Éternel, Amour Miséricordieux Infini, père de l'Enfant Prodigue, Bon Pasteur allant toujours chercher la brebis égarée, Sacré-Cœur aux bras largement ouverts pour accueillir et étreindre chacun d'entre nous, accorde-moi ta bénédiction, je t'en prie.

Sois à mes côtés lorsque je me lève et lorsque je me couche, lorsque je quitte la maison et lorsque je la retrouve.

Permets-moi de découvrir et de développer mes talents.

Couronne de succès mes entreprises, et aide-moi à réaliser mes rêves les plus beaux et mes projets les plus ambitieux.

Sois avec moi dans chaque rencontre et ouvre mon regard au mystère de chacun de ces visages.

Protège-moi quel que soit le chemin que je prenne.

Soutiens-moi quand je faiblis, console-moi si je me sens seul(e), relève-moi si je tombe.

Émerveille-moi par les trésors de ta vérité, de ta bonté et de ta beauté.

Dieu tout-puissant, Père, Fils, et Saint-Esprit, je t'en prie, descends sur mon âme et y demeure à jamais. Amen.

Questions énergisantes

1) Quelles sont les choses qui me rendent joyeux(se) en ce moment ? Pourquoi est-ce que j'en ressens de la joie ? Comment cela va-t-il m'aider aujourd'hui ?

2) Qu'est-ce que je me suis engagé(e) à accomplir dans le présent ? Pour quelle raison ai-je pris cet engagement ? Comment cela va-t-il m'aider aujourd'hui ?

3) Quelles sont les personnes que j'aime ? Qui m'aime ? Comment cela va-t-il m'aider aujourd'hui ?

Rituel de fin de journée

3 semaines à partir d'aujourd'hui
Petit carnet pour prendre des notes
1er soir (10') : .../.../...
Dernier soir (10') : .../.../...
Compte rendu à l'issue
(SMS, WhatsApp ou e-mail)

L'examen de conscience est une forme de prière bien traditionnelle qui porte divers noms.

L'essentiel est de prendre le temps de passer la journée en revue, pour trouver Dieu dans sa vie. Saint Ignace a particulièrement popularisé cette démarche à laquelle il était très attaché.

Un jésuite malade peut être dispensé de toute forme de prière (messe, office divin, *lectio divina*, rosaire...) sauf de l'examen de conscience.

Je me mets en présence de Dieu et sollicite son aide : « La prière est un don de la grâce et une réponse décidée de notre part » (*Catéchisme de l'Église catholique*, n° 2725).

Je demande des grâces de lumière pour relire ma journée et voir ce qui s'est passé, avec le regard de Dieu.

1. MERCI

(Je considère d'abord le « positif »)

Importance de la gratitude (Vrai, Bien, Beau)

— Se souvenir des bienfaits :

En repassant ma journée par étapes.

Retrouver peut-être des moments forts, mais aussi être attentif aux petits bonheurs du jour.

— Ressentir :

En déployant les cinq sens : visuel, auditif, kinesthésique, olfactif, gustatif.

Revivre ces beaux moments.

Très incarné et réaliste. Je me réjouis de ce que j'ai vécu.

— Remercier :

Je peux noter dans un carnet trois grâces reçues, trois cadeaux ou clins d'œil de la Providence, pas forcément pour les relire un jour, mais pour activer un ancrage et faire « provision de courage », comme dit saint Ignace (*Exercices spirituels*, n° 323).

Il est utile également de répondre à ces questions :

— Qu'est-ce que j'ai donné aujourd'hui ? En quoi me suis-je montré(e) généreux(se) ?

— Qu'ai-je appris aujourd'hui ? En quoi cela a-t-il contribué à mon édification ou à mon instruction ?

— En quoi cette journée a-t-elle favorisé ma qualité de vie ? Que puis-je en retirer pour mon avenir ?

2. PARDON

(Je considère le « négatif »)

Rien ni personne ne peut m'éloigner de Dieu ni m'empêcher de me sanctifier si ce n'est le péché. Pas le péché de mon voisin, mais le mien !

Il n'y a pas de péché mignon ; tous offensent Dieu et doivent être évités.

Mes péchés n'ont pas la même gravité ou part de malice.

Je demande au Seigneur la grâce de les regarder avec lucidité et objectivité, humilité et courage.

— Se souvenir des péchés commis :

En pensée, en parole, par action et par omission. Chaque instant remémoré est une fenêtre ouverte sur un lieu où était Dieu.

— Comprendre le processus psychologique qui m'a amené au péché : ce n'est jamais en un claquement de doigts.

À quel moment ai-je commencé à manquer de vigilance et de générosité dans le combat spirituel ?

— Assumer avoir été coupable de ces désordres : bonne culpabilité, sens des responsabilités.

La voix de ma conscience me disant que j'ai fait quelque chose de mal me conduit à avoir plus d'amour, et en fin de compte à être plus heureux.

Le péché est souvent un manque de préoccupation de Dieu.

Je ne pensais pas à lui, et n'étais pas en sa présence.

— Demander la grâce de la contrition :

Regret surnaturel, pas simple remords.

Ce n'est pas accablant : je suis un pécheur aimé.

« Soyez reconnaissants pour vos péchés. Ils sont porteurs de la grâce » (Anthony de Mello, s.j.). L'accent ne doit pas être mis sur combien je suis mauvais, mais sur combien Dieu est bon.

— Acte de contrition.

« Mon Dieu, j'ai un très grand regret de vous avoir offensé, parce-que vous êtes infiniment bon, infiniment aimable et que le péché vous déplaît. Je prends la ferme résolution, avec le secours de votre sainte grâce, de ne plus vous offenser et de faire pénitence. »

3) S'IL TE PLAÎT

Accueillir le pardon de Dieu, et promettre avec le secours de la grâce de ne pas retomber dans les mêmes fautes.

Ferme propos.

Regarder par avance, dans les grandes lignes, comment la journée du lendemain va se dérouler, et identifier des occasions possibles de chutes semblables : circonstances de temps, de lieu, contact avec telle personne… « Un homme averti en vaut deux ! »

Considérer aussi mes zones de combat habituelles, les points de vigilance permanents.

Me réjouir par avance de la journée que je vais vivre demain.

Confier tout cela au Seigneur, à Marie, à mon ange gardien.

Remarque : l'examen est spécialement important parce qu'il est plus facile de voir Dieu rétrospectivement que sur le moment.

Ainsi, dans le livre de l'Exode (33, 20-23), Dieu avait dit à Moïse : *« Tu ne peux pas voir ma face. »* Dieu dit à Moïse qu'il le verra après qu'il sera passé près de lui : *« Tu me verras de dos. »*

« En ce sens, il s'agit moins de la question de chercher Dieu que de se laisser trouver par lui dans toutes les situations de la vie où il ne cesse de passer et où il se laisse reconnaître une fois qu'il est vraiment passé » (Peter-Hans Kolvenbach, s.j.).

Il peut être judicieux d'insérer dans mon rituel du soir, à l'occasion de cet examen de conscience, ce qu'on appelle l'**examen particulier**, qui porte habituellement sur le **défaut dominant**.

Christophe Beaublat
Prêtre
Diocèse de Fréjus-Toulon

Se recommande à vos prières, à l'occasion du
25e anniversaire
de son ordination sacerdotale
(29 juin 1999 – 29 juin 2024)

« Que le Seigneur te bénisse et te garde !
Que le Seigneur fasse briller sur toi son visage,
Qu'il te prenne en grâce !
Que le Seigneur tourne vers toi son visage,
Qu'il t'apporte la paix ! »
Nombres 6, 24-26

« Les dons et l'appel de Dieu sont irrévocables. »
Romains 11, 29

« Par son activité, [l'Église] fait en sorte que toute trace de bien,
quelle qu'elle soit, présente dans le cœur et la pensée des hommes,
dans leurs rites et leurs cultures,
non seulement ne périsse pas, mais soit, au contraire, purifiée,
élevée et portée à la perfection pour la gloire de Dieu,
la confusion du démon et le bonheur de l'homme. »
Lumen Gentium 17

« La conscience est le centre le plus secret de l'homme,
le sanctuaire où il est seul avec Dieu
et où sa voix se fait entendre. »
Gaudium et Spes 16

Bibliographie

Livres

ASSOCIATION INTERNATIONALE DES EXORCISTES, *Directives pour le ministère de l'exorcisme à la lumière du Rituel en vigueur*, Mame/Desclée, 2022.

SNPLS et BNE, *L'Exorcisme dans l'Église catholique*, Mame/Desclée, 2006.

SNPLS et BNE, *Protection, délivrance, guérison*, Mame/Desclée, 2017.

SNPLS et BNE, *Délivre-nous du mal*, Mame, 2017.

Prières contre les puissances des ténèbres, extrait de l'appendice II du *Rituel de l'exorcisme*, Téqui, 2013.

Dominique Auzenet, *Magnétiseurs, guérisseurs, médiums. Le nouveau royaume de l'occulte*, Mame, 2023.

Dom GÉRARD, *Catéchisme des anges*, Sainte-Madeleine, 2007.

Jean-Baptiste GOLFIER, *Tactiques du diable et délivrances*, Artège, 2018.
Dom Gabriele AMORTH, *Exorcisme et psychiatrie*, Rocher, 2011.
Père Guy-Emmanuel CARIOT, *La Citadelle imprenable. Petite méthode pour résister à l'ennemi et obtenir la libération*, Mame, 2020.
Yves CHIRON, *Exorcistes. Vingt siècles de lutte contre le diable*, Mame, 2024.
Jean-Pascal DULOISY, *Satan*, Fidélité, coll. « Que penser de… ? », 2019.
Jean-Christophe THIBAUT et Olivier JOLY, *La Prison des esprits*, Salvator, 2021.

Hervé GUILLEMAIN, *Diriger les consciences, guérir les âmes. Une histoire comparée des pratiques thérapeutiques et religieuses (1830-1939)*, La Découverte, 2006.
Pascal IDE, *Des ressources pour guérir. Comprendre et évaluer quelques nouvelles thérapies*, Desclée de Brouwer, 2012.
Pascal IDE, *Les Médecines alternatives. Des clés pour discerner*, Artège, 2021.
Dominique MEGGLÉ, *Les Chaussettes trouées. CXXX petites pensées sur la psychiatrie et l'hypnose (textes 2011-2023)*, Satas, 2023.

Régis MOREAU, *Guide de lecture des textes du concile Vatican II*, Artège, 2012.

Jérôme FERRIER et Marion DAPSANCE, *La Tradition. Mère de Vatican II*, Les unpertinents, 2021.

Christophe GEFFROY, Rome-Écône – *L'accord impossible ?*, Artège, 2013.

Martine Sevegrand, *Le Sixième Commandement. L'église catholique et la morale sexuelle (France, XXe siècle)*, Presses universitaires de Rennes, 2023.

Ressources Internet et vidéos :

sosdiscernement.org

« Le ministère de l'exorcisme – conférence du père Christophe Beaublat – partie 1 », Paroisse Solliès, YouTube, 8 février 2025.

« Les dangers de l'occultisme – conférence, questions, réponses du père Beaublat, exorciste – partie 2 », Paroisse Solliès, YouTube, 8 février 2025.

« Un prêtre exorciste répond à nos questions », Amen, YouTube, 17 mai 2023.

Frère Paul-Adrien, « Occultisme, spiritisme, satanisme : ce que vous devez savoir (père Jean-Christophe Thibaut) », 5 mai 2024.

archidiacre.wordpress.com

matthieulavagna.fr

Lieux de retraites d'exercices spirituels de saint Ignace

Coopérateurs paroissiaux du Christ-Roi, dans le Morbihan (56) et dans la Drôme (56), www.maison-nazareth.fr et www.cpcrsoeurs.org.

Abbaye Saint-Joseph de Clairval, en Côte-d'Or (21), www.clairval.com.

Tables des matières